Charles BLANC
DE L'ACADÉMIE FRANÇAISE ET DES BEAUX-ARTS

UNE FAMILLE D'ARTISTES

Les Trois Vernet

Joseph — Carle — Horace

H. LAURENS, ÉDITEUR
PARIS

LES TROIS VERNET

CORBEIL. — IMPRIMERIE ÉD. CRÉTÉ

UNE FAMILLE D'ARTISTES

LES TROIS VERNET

JOSEPH — CARLE — HORACE

PAR

CHARLES BLANC

MEMBRE DE L'ACADÉMIE FRANÇAISE ET DE L'ACADÉMIE DES BEAUX-ARTS

Introduction de M. Henry JOUIN

PARIS
LIBRAIRIE RENOUARD
HENRI LAURENS, ÉDITEUR
6, RUE DE TOURNON, 6

INTRODUCTION

Charles Blanc n'a plus besoin d'éloge. Sa mort, déjà lointaine, ne l'a point dépossédé de l'autorité qu'il s'était acquise dans le vaste domaine où se sont déployées son initiative, son érudition et sa critique. Il reste l'historien des peintres de toutes les écoles. Certes, la tâche que s'était tracée Charles Blanc ne laissait pas d'être considérable. Elle dépassait en apparence les forces d'un seul. Aussi le vaillant écrivain dut-il s'assurer le concours de collaborateurs. Mais le nom de Charles Blanc demeure gravé, à l'exclusion de tout autre, au frontispice de ce livre sans rival, attrayant au premier chef et, sous sa forme aisée, sérieux sans sécheresse, toujours instructif.

Sans doute les peintres et leurs ouvrages ont de longue date séduit l'homme du livre. Nous comptons en France de nombreux critiques qui se sont orientés vers les maîtres en renom. Mais ceux-ci s'étaient bornés à l'étude d'une seule mémoire. Leurs monographies, souvent excellentes, ne pouvaient aider que dans une mesure restreinte à l'éducation générale. En raison même de l'importance donnée à l'histoire d'un maître, le lecteur, longtemps retenu devant un même personnage, se sent porté à ne voir que lui. Qu'il s'agisse de Poussin ou de Van Dyck, si ces peintres nous sont présentés isolément, nous nous attachons à leur manière, nous nous pénétrons de leur génie et, sans y prendre garde, nous leur donnons toute préséance. Le mérite est cependant chose relative. Mais où chercher la relation, avec qui pourrions-nous comparer le maître solitaire dont nous entretient un narrateur disert et bien informé?

L'Histoire des Peintres de toutes les Écoles *devait porter remède à l'inconsciente et dangereuse partialité du lecteur. A l'aide de ce livre hardi, sans subterfuges, sans lacunes, le goût public s'est développé. Sous la direction toujours sage et cependant très affinée de Charles Blanc, les esprits ont discerné la valeur des maîtres de premier ordre, des peintres de second plan, de ceux enfin qui marchent dans le sillon d'autrui et qu'une vogue éphémère a parfois rendus célèbres. Tel est le bienfait inoubliable dont nous sommes redevables à Charles Blanc.*

Dirai-je un mot de la haute valeur littéraire de l'écrivain? Trop souvent l'érudit, l'historien se désintéressent de la forme que doit revêtir le récit. Le style de Charles Blanc est d'un lettré de race qui toujours se surveille. Vous entendrez dire que le créateur de la critique d'art dans notre pays, c'est Diderot. On va répétant que Théophile Gautier est inimitable, que Saint-Victor donne l'illusion de la couleur lorsqu'il tient la plume. Observons que ces trois hommes, de réel talent, n'ont pas fait de livres et ne pouvaient en faire. Ils n'ont laissé que des pages. Plusieurs sont exquises, mais l'esprit débordant de Diderot, le goût de Théophile Gautier qui se condense dans un style à facettes, la phrase étincelante de Saint-Victor restent incompatibles avec un ouvrage de longue haleine. Charles Blanc, plus simple, plus sobre, usant du vocabulaire en honneur au XVII*e siècle, a su tracer des pages toujours claires, d'une tenue, d'une dignité classiques.*

Ses œuvres n'ont rien à redouter du temps. Exemptes de passion, ses critiques restent des modèles.

L'heure semble opportune pour remettre en lumière la vie de trois peintres français que Charles Blanc a jadis écrite avec amour. On sent que ces maîtres lui ont été particulièrement sympathiques. A cela rien de surprenant. Les trois Vernet n'ont-ils pas été choyés, acclamés pendant un siècle et demi? Joseph, Carle, Horace, l'aïeul, le père et le fils, le peintre de marines, le caricaturiste, le peintre de batailles ont joui d'une gloire européenne. Le plus grand, c'est l'aïeul. Ses drames de la mer sont pour la plupart des pages de haut style. Le plus fin, c'est Carle, l'homme des Merveilleuses *et des* Incroyables, *dont les dessins et les lithographies ont pour nous la valeur de documents pris sur le vif. N'omettons pas de dire que ce même Carle fut un peintre de chevaux personnel et d'une rare adresse. Le plus populaire, c'est Horace, le peintre fertile entre tous qui a signé un si grand nombre de toiles où le drapeau français est à l'honneur. L'œuvre immense d'Horace ne peut échapper à la critique, mais si l'émotion qui distingue les toiles de Joseph échappe au peintre de la* Smalah, *la vivacité, le mouvement, l'anecdote heureuse, l'*humour, *un talent de facture surprenant se révèlent dans les compositions prestement enlevées du dernier des Vernet.*

Nous avons sous les yeux toute une liasse de lettres autographes des trois Vernet. Il nous serait agréable de puiser dans ces pages inédites plus d'un trait ignoré de la vie de ces charmants artistes.

L'espace dont nous disposons ne nous le permet pas. Tout au moins nous signalerons à M. Gérôme, membre de l'Institut, la lettre que lui adressa, le 15 octobre 1860, Horace Vernet pour le presser de poser sa candidature à l'Académie des Beaux-Arts, où le fauteuil d'Hersent était vacant. « Vous connaissez, je l'espère, écrivait Vernet, la haute opinion que j'ai de votre mérite, et je ne sais personne qui ait plus de droits que vous aux suffrages de l'Institut. » Le peintre Gérôme n'a pas perdu le souvenir de cette invitation flatteuse; aussi, lorsqu'il s'est agi de faire une exposition rétrospective de l'œuvre des Vernet, est-ce lui qui a pris l'initiative de cette opportune manifestation. Il savait, du reste, que l'opinion publique applaudirait à son effort. En dépit des variations du goût, les Vernet ne cesseront pas de plaire aux Français.

HENRY JOUIN

JOSEPH VERNET

JOSEPH VERNET

LES TROIS VERNET

JOSEPH — CARLE — HORACE

JOSEPH VERNET

NÉ EN 1714. — MORT EN 1789

Le père de Carle Vernet, le grand-père d'Horace, Claude-Joseph Vernet, était lui-même fils d'un peintre, et plus que personne il fut possédé de ce génie de la peinture qui a illustré, dans sa famille, trois générations d'artistes.

Les histoires faites à plaisir sur la plupart des peintres célèbres ne sont que vraies de Joseph Vernet. Lui-même il a raconté souvent qu'à son retour d'Italie sa mère lui donna des figures dessinées par lui à l'âge de cinq ans, lorsqu'à titre de récompense on lui avait permis de se servir des crayons qu'il voulait dérober. Il n'avait pas encore quinze ans qu'il peignait déjà des dessus de portes, des écrans de cheminées, des panneaux de chaises à porteurs[1], et montrait cette facilité de conception et de pinceau qui devait caractériser tous les Vernet.

Joseph Vernet, pour qui son père ne rêvait pas moins que les

[1] Bastoul. *Tableau d'Avignon*. Avignon, 1836.

brillantes destinées du peintre d'histoire, ne pouvait rester à Avignon, sa ville natale. On se crut obligé de l'envoyer à Rome, et un jour son père lui remit une douzaine de louis en le recommandant à un voiturier qui se chargea de le conduire à Marseille. La route fut longue ; à chaque instant il fallait arrêter les chevaux pour que le jeune peintre eût le loisir de crayonner ces paysages de la Provence, si différents de ceux du Comtat, et d'admirer tel groupe de montagnes dont la stérilité contraste avec la verdure des plaines qui se déroulent à leur pied, sillonnées de routes nombreuses.

Mais tandis que Joseph Vernet s'en allait ainsi consulter les grands maîtres, il rencontra tout à coup son maître véritable : ce fut la mer.

Quand il la découvrit pour la première fois, du haut d'une montagne appelée la *Viste*, proche de Marseille, il en reçut une impression si vive, si profonde, que dès ce moment sa vocation fut décidée : il se sentit peintre de marines. Devant lui s'étendait à perte de vue la Méditerranée ; trois îles à quelques lieues de la terre semblaient placées là comme des fabriques destinées à rompre l'uniformité de ce lac immense, pour le plaisir des yeux ; à droite, s'élevait un escalier de maisons de campagne coupées par des bouquets d'arbres ; à gauche, c'était le petit port des Martigues ; au milieu, d'innombrables navires agitant la rade de Marseille, et, pour terminer l'horizon, la tour de Bouc perdue dans les vapeurs du lointain. Ce spectacle fut un avertissement au génie de Vernet : la nature, en l'invitant à peindre des marines, lui fournissait plus que les éléments du tableau, le tableau même. Il y a des artistes, et ceux-là sont fort rares, qui trouvent en eux, dans

VUE DES ENVIRONS DE CITTA NUOVA

les trésors de leur méditation, dans les régions de leur idéal, des formes et des figures que la mémoire des yeux ne leur a point conservées ; ils savent représenter avec force, comme eût fait le Poussin, non seulement les phénomènes admirés, la lumière connue, la création visible et palpable, mais encore certaines convenances délicates dont ils ont découvert le secret par la pensée. Il est d'autres artistes, au contraire, dont l'âme est constamment ouverte à toutes les impressions venues du dehors et qui les sentent assez vivement pour les exprimer de même : leurs yeux sont comme des fenêtres par où entrent les idées sous forme d'images ; leur génie est semblable à ces harpes éoliennes qui attendent, pour résonner, les souffles de l'air. Ceux-là sont de la véritable race des peintres, et de ce nombre fut Joseph Vernet. Tant qu'il n'eut pas assisté à une tempête, il ne fut qu'un peintre de rades et de navires ; mais le jour où il eut entendu les bruits rauques de la mer irritée, lorsqu'il se fut trouvé sur un vaisseau battu des vents, menacé de la foudre et prêt à sombrer, son âme se mit à l'unisson de la tempête ; il se souvint pour toujours de la frayeur et du geste des matelots, de l'altération des physionomies et de la grande allure des flots soulevés.

Ce fut en allant de Marseille à Rome, ainsi que le raconte un de ses amis, M. Pitra, que Joseph Vernet, voyant se former une tempête à la hauteur de l'île de Sardaigne, fut saisi, non pas de frayeur, mais d'admiration ; au milieu des alarmes de l'équipage, le peintre semblait humer le péril ; il n'avait qu'un désir : celui de traverser la tempête, d'y être mêlé, pour ainsi dire, afin d'étonner un jour et d'épouvanter les autres par la représentation des terribles effets qu'il allait surprendre ; il n'avait qu'une peur, celle de manquer un spectacle si nouveau pour lui. On sait qu'il se fit attacher sur le pont au grand mât, et que là, ballotté en tous sens, couvert de lames d'eau, et d'autant plus animé par cette lutte corps à corps avec son modèle, il peignit la tourmente, non sur la toile, mais dans sa mémoire, qui jamais ne perdit rien. Nuages, vagues et rochers, lignes et tons, il voit, il pénètre tout, il saura tout par cœur et le mouvement des chaloupes, et l'inclinaison du navire, et les accidents de lumière coupant un ciel, d'ardoise qui sert de fond à la blancheur de l'écume.

MARINE

Arrivé à Rome en 1732, Joseph Vernet entra dans l'école de Bernardino Fergioni, peintre de marines, que bientôt il devait surpasser. Il n'avait alors que dix-huit ans, étant né en 1714. Parfaitement inconnu dans Rome, le jeune peintre vivait du produit de quelques dessins de marines; mais ne trouvant que peu d'amateurs et des prix modiques pour un genre de dessin qui, plus que tout autre, laisse regretter l'absence de la couleur, il essaya de peindre des marines de petites dimensions qu'il vendit un ou deux sequins, jusqu'au jour où un cardinal lui en donna quatre louis. Le perruquier chez lequel il logeait à Rome laissa tout exprès s'accumuler plusieurs termes, avec l'arrière-pensée de se faire payer en peinture, et, après l'avoir souvent regardé peindre en silence, il lui demanda un jour certain tableau qui représentait l'aurore et qui était destiné à ce même cardinal dont nous avons parlé; c'était le jour où le peintre devait quatre termes. Le cardinal arrive; le perruquier se jette aux pieds de Son Éminence et la supplie, les larmes aux yeux, d'abandonner le tableau que le peintre vient d'achever pour elle [1].

A Rome, la réputation d'un artiste se fait rapidement, pour peu qu'une Éminence en prenne soin. Celle de Vernet se fit ainsi. Du reste, il songeait moins à tirer profit de son talent qu'à l'agrandir. Chaque jour il sortait de Rome et s'en allait dans la campagne observer à loisir les tons du ciel, voulant toujours peindre d'après nature. Il épiait les teintes de l'horizon aux différentes heures du jour, et cherchait à les imiter dans leurs fugitives nuances; mais il s'aperçut que ses observations, quelque rapides et passionnées qu'elles fussent, ne pouvaient suivre la continuelle variation des couleurs de l'atmosphère, et désespérant de jamais fixer sur la toile la mobile harmonie de ces tableaux qui mettaient si peu de temps à être admirables et, à disparaître, il inventa un alphabet de tons, d'autant plus curieux qu'un autre peintre nous en a laissé la description [2]. Les divers caractères de cet alphabet étaient accolés à autant de

[1] Lettre de M. Pitra, administrateur de la ville de Paris : on la trouve imprimée dans la *Correspondance de Grimm* du mois de décembre 1789. M. Pitra, comme il nous l'apprend, était un ami de Joseph Vernet, et tenait de lui-même la plupart des détails qui font la substance de sa lettre.

[2] Renou, dans l'*Art de peindre*, traduction en vers français du poème latin de Dufresnoy. Paris, Didot, 1789.

teintes différentes et y correspondaient ; s'il voyait le soleil se lever d'une couleur fraîche et argentine ou se coucher dans la pourpre, s'il voyait un orage s'approcher ou s'enfuir, il ouvrait ses tablettes et aussi promptement que l'on jette dix ou douze lettres sur le papier, il indiquait toute la gradation des tons qu'il admirait. Après avoir ainsi comme sténographié les beautés du ciel, il revenait dans son atelier les traduire sur la toile d'après ses chiffres, et arrêter la composition de ce mobile ensemble ; tel effet charmant, depuis longtemps disparu, était ainsi restitué dans toute son harmonie pour l'enchantement de nos yeux.

Loin de s'en tenir à une étroite spécialité, Joseph Vernet voulut élargir son cadre. Il s'était lié à Rome avec Locatelli, Panini et Solimène. Comme eux il étudia les belles ruines d'architecture antique et les nobles paysages de la campagne romaine, la chute des torrents, les rochers et les célèbres cascatelles de Tivoli. Il portait aussi une attention particulière aux proportions des figures, à leur attitude, à leur mouvement, et quand il eut fait un voyage à Naples — ce voyage eut lieu vers 1737[1], — il prit du goût pour le costume de pêcheur et des lazzaroni, et il en habilla le plus souvent ses figures. Un tel amour de la nature et de l'art, cette contemplation assidue des phénomènes de la lumière aux différentes heures du jour, et enfin cette étude approfondie de tant d'accessoires dont il devait relever l'importance, tout cela, joint à un génie de prime saut,

[1] C'est la date approximative que donne M. Pierre Lagrange dans le volume très intéressant qu'il a publié sous le titre : *Joseph Vernet et la peinture au* XVIIIe *siècle*. Paris, Didier, 1864, et dans lequel, on peut le dire, l'auteur a épuisé la matière.

fit de Vernet un excellent paysagiste, moins lumineux sans doute que Claude Lorrain, et moins noble, mais aussi habile à rendre les effets de brouillard, et bien supérieur, comme le remarquait Diderot, dans l'invention des scènes, le dessin des figures, la variété des incidents et le reste.

Déjà le peintre français avait pris sa place dans Rome ; on le recherchait, et ces mêmes paysages, ces marines que d'abord il avait donnés en payement pour des loyers en retard, il les vendait maintenant à des prix élevés. On lui demandait de toutes parts des *tempêtes*, des *calmes*, des *coups de vent*, des *cascades*. On le chargea d'orner de paysages le palais Rondanini et la galerie Borghèse. Il les exécuta dans le sentiment fier de Salvator; il choisit les plus terribles accidents de la nature, d'affreux ravins où se précipitent des torrents qui bondissent d'un rocher à l'autre, entraînant avec eux des troncs d'arbres déracinés; mais les figures qu'il peignit au fond de ces abîmes ne sont pas aussi sombres, il s'en faut bien, que les brigands de Salvator; en leur ôtant le casque et le haubert, on trouverait dessous ces mêmes pêcheurs nonchalants que Vernet savait si bien asseoir ou coucher sur le premier plan de ses *calmes*. L'étude de Salvator eut cependant pour Vernet ce résultat, qu'elle fortifia son coloris, lui donna de la fermeté dans la touche, et lui inspira ces teintes rembrunies et mâles auxquelles on reconnaît aisément les tableaux datés de son séjour en Italie.

Avec de la souplesse et une facilité merveilleuse à tout comprendre juste, à tout peindre vite et bien, Joseph Vernet avait pu s'emparer un instant de la manière rude et sauvage de

Salvator, imiter ses feuillages rigides, ses âpres rochers, et l'aspect profondément triste de ses terrains fendus, calcinés par le soleil; mais au fond, ce n'était pas là le véritable génie de Vernet. Français par excellence, il pénétrait difficilement dans ces sombres royaumes de la fantaisie que les peintres de notre école n'ont point connus avant la révolution qui s'est opérée dans l'art, au dix-neuvième siècle. Joseph Vernet fit toujours malgré lui des sites habités ou du moins habitables. Quelque villa délabrée, quelque trace d'une civilisation prochaine, un fragment d'aqueduc, se dessinent au loin entre deux montagnes taillées à pic ou sur le sommet d'un roc. Il était réservé à Salvator Rosa de peindre des paysages qu'il n'avait vus sans doute nulle autre part que dans le pays de ses rêves. Loin d'avoir mené l'aventureuse existence de ce maître, Joseph Vernet était né pour le monde. Vif, aimable, spirituel, il apporta dans le commerce de la vie les manières faciles et polies d'un Français bien élevé. Il s'était marié à Rome avec Virgina Parker, fille d'un Anglais catholique, officier dans la marine du pape; il eut d'elle un fils, qui fut Carle Vernet.

Ce qui fait qu'en général nos artistes sont si humains, si conformes aux mœurs qui les environnent, si fidèles aux pensées que leur communique le courant de la vie, c'est qu'ils peignent pour être applaudis, au moins autant que pour le plaisir même de peindre. Au milieu de la campagne de Rome, ou à bord des bâtiments sur lesquels il visitait le golfe de Venise, les plages de la Grèce, Joseph Vernet tournait ses regards vers Paris et songeait à obtenir les suffrages de ses compatriotes. Chaque fois qu'un *Salon* s'ouvrait au Louvre, on y voyait arriver des *Marines*

LES BAIGNEUSES

de Joseph Vernet. Il en envoya deux en 1747 et quatre en 1748. Tantôt c'était un *Clair de lune* où le rayon tremblotait sur une mer couverte de chaloupes ; il y exprimait avec bonheur comment des vaisseaux sous le même vent peuvent faire différentes routes suivant la manière dont les voiles sont orientées : tantôt c'était l'*Embrasement d'une ville* sur le bord de la mer[1] ; on y admirait les effets de la flamme, ses reflets dans l'eau, l'effroi et l'agitation du peuple ; on disait de Joseph Vernet qu'il s'élevait au rang d'un peintre d'histoire, et si l'envie essayait de déprécier les œuvres de l'artiste absent, les connaisseurs qui alors tenaient la plume, l'abbé Leblanc, Cochin, Diderot, prenaient vigoureusement sa défense. On lui adressa même plus tard de chaleureuses épîtres en vers bien frappés[2]. Quelquefois il se plaisait à faire contraster, non sans coquetterie, une *tempête* avec un *calme* pour montrer que la nature ne lui laissait pas un seul instant d'indifférence, et ce rapprochement ne manquait jamais de produire son impression. Il semblait que pour lui la *marine* fût un cadre approprié à la peinture des passions humaines, un fond majestueux sur lequel se pouvaient représenter non seulement les divers mouvements du corps, mais les divers états de l'âme : ici le repos, la molle indolence, le sommeil ou les sourires de l'amour vulgaire ; là les angoisses, la frayeur, le désespoir, la mort.

Quel drame qu'une *tempête* de Vernet ! et d'où vient qu'elle

[1] Voyez la *Lettre sur la peinture*, avec un examen des principaux ouvrages exposés au Salon de 1748, par l'abbé Leblanc.

[2] Épître à M. Vernet, peintre du roi, par Bouquier. Il y en a des fragments dans l'*Année littéraire* de Fréron.

nous touche plus fortement que les autres? Cela vient sans doute de ce que l'homme y joue le principal rôle, de ce que son infortune est le véritable sujet du tableau. Aussi est-ce toujours sur les côtes, au pied d'une tour où brûle un phare inutile, que le peintre nous transporte pour nous montrer la mer se couvrant de naufragés, de vaisseaux qui s'abîment, de chaloupes suspendues au sommet d'une vague. Le spectateur est placé sur le rocher même contre lequel viennent se briser le navire et les flots.

Voyez comme chez les Hollandais le peintre des *tempêtes* semble inspiré par un vague sentiment de panthéisme. Dans les orages d'Everdingen, de Guillaume Van de Velde le jeune, de Backuysen, de Bonaventure, la mer est le véritable héros : elle s'agite comme pour obéir au génie de la tourmente, elle semble irritée contre les cieux. L'homme y apparaît comme un accident qui mérite à peine un intérêt éloigné, secondaire, et l'on sent que la composition pourrait à la rigueur se passer de cet élément. Chez Vernet, au contraire, les *tempêtes* ne sont imaginées que pour faire vibrer en nous les cordes humaines : la douleur d'un époux, les cris d'un père au désespoir, l'agonie d'une jeune femme que les flots ont apportée jusque sur le rivage ; voilà le véritable objet des *marines* de Joseph Vernet. Il ne soulève la mer qu'afin d'exciter en nous la terreur ou la compassion pour des marins en péril. Tout ce qui ruine les espérances de l'homme, renverse ses édifices, abîme ses richesses ou déchire les affections de son cœur : voilà le nœud de cette grande tragédie où la nature est rejetée au second plan, comme le chœur antique.

ORAGE IMPÉTUEUX

En parcourant, au Cabinet d'estampes, l'œuvre de Vernet, j'étais frappé surtout de ce côté humain, toujours si remarquable chez les peintres français. Dans les *Dangers de la mer*, dans le *Naufrage* gravé par Avril, ce sont des épisodes pathétiques qui attirent d'abord l'attention. Tandis qu'une mère en pleurs regarde son enfant mort sur un rocher, les hommes de l'équipage sauvent leurs marchandises, amènent avec efforts des tonneaux sur la grève, et, s'attelant à des câbles, tirent à eux les restes de leur embarcation brisée. Des oiseaux de proie, aux ailes étendues, planent sur ces débris, prêts à fondre, pour les dévorer, sur les cadavres qu'aura laissés la mer en se retirant.

Certes les figures de Joseph Vernet n'ont rien de cette héroïque tournure que le Poussin ou le Guaspre leur eussent prêtée : mais en revanche comme leurs mouvements sont vrais, pleins de force et de naturel ! Et pourquoi donc sont-elles si attachantes ? Ah ! c'est qu'elles ne posent point, elles sont étudiées et saisies dans ces moments où l'homme ne songeant qu'à lui-même prend l'habitude ou fait le geste que la nature commande. D'ailleurs, si leurs actions les plus communes nous intéressent si vivement, c'est qu'elles se rapportent à un drame terrible, et qu'au bout de la corde que traînent de tout le poids de leur corps des matelots en détresse on aperçoit une mère échevelée qui va être engloutie, un naufragé près de périr. Il est des figures dans l'*Orage impétueux*, par exemple, qui, à genoux sur le rocher de devant, et penchés vers des débris de mâts, semblent prier, non pas le ciel, mais la mer. Tout ce qu'il y a, dans le cœur des marins, de superstition et de courage, de faiblesse et d'énergie, se trouve accusé là par celui de nos peintres qui les a le mieux connus.

Quant à la mer, Joseph Vernet la peignit telle qu'elle apparaît à qui la regarde du haut d'un navire ou d'une tour, c'est-à-dire qu'il n'en peignit que le ton dominant, l'aspect général, la masse. De nos jours on a exagéré, je crois, la transparence des vagues ; on fait scintiller à la surface mille perles que la nature laisse cachées au fond de l'eau. Les uns lui font rouler des paillettes d'or, comme à l'antique Pactole, d'autres y mêlent, surtout le long du rivage, des filets bleus et jaunes, de petits tons coquets et chatoyants qui font de la mer une sorte d'écrin liquide. Joseph Vernet a été plus sobre, plus simple et aussi plus vrai. Ses eaux sont rembrunies, d'un vert sombre, et elles ont cette pesanteur majestueuse qu'a si bien rappelée Géricault dans le *Naufrage de la Méduse*. Il y a des mers dont la couleur ordinaire et dominante est absolument verte. Telle est la mer Méditerranée, surtout dans le golfe de Venise. Quand Vernet étudiait en Italie, il a imité cette couleur dans les marines qu'il faisait alors et qui sont les meilleures de toutes. On les reconnaît même à cette couleur verte de la mer. En se bornant à une austère unité de ton, Vernet produit un effet d'ensemble plus sûr, plus puissant, parce que l'œil du spectateur, moins occupé de suivre les caprices d'une frange d'écume, ou de plonger jusqu'aux trésors que laisse deviner la limpidité des ondes, se promène sur le formidable élément, en embrasse mieux l'étendue, en saisit mieux les dangers et la fureur.

Les principes de l'art, ceux du moins qui trouvent leur application dans la peinture des *marines*, l'œuvre de Joseph Vernet les enseigne clairement, de la façon la plus magistrale. Comment peindre les grands coups de vent, les accidents de jour dans le ciel, les doubles lumières, les clairs de lune, les vagues, les rochers?... Tout cela est très vivement écrit dans les tableaux de Joseph Vernet, non pas qu'il y ait pensé lui-même, car rien n'est plus contraire au pédantisme que l'inspiration, et l'on croit sentir que chez ce maître tout est fait du premier jet, saisi sur nature, et transporté sur la toile avec la rapidité de la pensée, sous l'impression d'un souvenir présent et vivant. Mais, sans le savoir, Vernet a si bien résolu les divers problèmes que présente le genre des *marines*, qu'on a pu composer un livre entier des nombreuses observations que suggère son talent varié, parfois inégal, souvent sublime. Ses tableaux ont fourni matière à l'excellent opuscule qu'Hermann publia en 1800 sur le paysage.

S'agit-il d'exprimer un coup de vent, le peintre s'est bien gardé de n'offrir aux yeux que le monotone spectacle d'une suite d'objets inclinés du même côté. En plaçant des corps qui résistent au vent, à côté d'autres objets qui lui cèdent, il a donné à la scène cette variété de mouvement qui lui imprime un air de vie. S'agit-il des accidents de lumière, « remarquons, dit Hermann[1], que les grands peintres en ont rarement fait usage. Claude Lorrain ne les a pas employés, quoiqu'il ait peint le lever et le coucher du soleil. Les Flamands ont peint ordinairement un ciel couvert mêlé de parties bleuâtres. Vernet est, je crois, le seul qui, enhardi par une étude particulière des

[1] Hermann, *Essai sur le paysage*. Saint-Pétersbourg, 1800.

temps nébuleux et orageux, ait su imiter les accidents de lumière dans le ciel. » C'est encore au même peintre qu'Hermann emprunte ses exemples quand il parle des doubles lumières. « Il y a des paysages, en petit nombre à la vérité, où les objets sont éclairés par la lumière du jour et par celle d'un feu. La première doit alors être petite et l'effet de la seconde extraordinaire. Des bergers ou des voyageurs assis auprès d'un grand feu sur la lisière d'une forêt, aux approches de la nuit, peuvent servir de motif à un paysage de ce genre. Vernet a introduit dans plusieurs de ses clairs de lune des matelots assis autour d'un feu ; mais ce feu est trop petit pour partager la lumière de la lune. Dans tous les cas, il faudra toujours que l'une ou l'autre lumière ait une prépondérance décidée, car, si elles étaient à peu près égales, le spectateur demeurerait indécis, l'effet serait manqué. Mais il reste toujours une difficulté : c'est d'éviter toute discordance entre la lumière faible et pâle de la lune et la lumière forte, rouge et sombre des feux allumés. Il n'est pas permis à tout peintre d'être harmonieux en dépit de l'opposition tranchée de ce phénomène. Il vient un point où les deux lumières se rencontrent, se fondent ensemble et forment une teinte particulière, où il n'est pas aisé de n'être pas faux [1]. »

Quant aux vagues et aux rochers, le peintre français a su tirer un grand parti de ces côtes hérissées contre lesquelles viennent se rompre les vagues blanchissantes, qui s'élancent jusqu'aux cieux et semblent écumer de fureur. C'est encore une

[1] Diderot, *Salon de 1765*, p. 268.

LA TEMPÊTE

des beautés de ses *marines*, beauté que les Backuysen et les Van de Velde n'ont pas introduite dans les leurs, parce que, vivant ou élevés en Hollande, ils n'ont pas eu de rochers sous les yeux et n'ont pu inventer ces formes bizarres, imposantes, sévères et pittoresques, dont la nature seule fournit des modèles et que l'imagination la plus riche ne trouverait point.

Le fougueux peintre des *marines* tempétueuses était, nous l'avons dit, d'un commerce aimable. Après la peinture, sa plus forte passion fut la musique. Il s'était lié d'étroite amitié avec un musicien, depuis bien illustre, Pergolèse, et ils vivaient presque continuellement ensemble[1]. Joseph Vernet avait dans son atelier un clavecin préparé tout exprès pour son ami, et tandis que le peintre, emporté par son imagination, tourmentait les flots de la mer et suspendait ses figures au bord de l'abîme, le grave compositeur cherchait du bout des doigts le rudiment de ses mélodies immortelles. Ainsi furent inventées les stances mélancoliques du *Stabat*, chef-d'œuvre d'expression douloureuse et triste, que Pergolèse composa pour un petit couvent de religieuses où il avait une sœur. Il me semble qu'en écoutant cette plaintive harmonie, Vernet dut donner à ses peintures une teinte plus suave. C'est alors peut-être qu'il travailla à ses *calmes*, à ses *clairs de lune*, où, faisant trêve aux terribles agitations de la mer, il la peignait tranquille, aplanie, et ne montrait sur ses rivages que des pêcheurs sans mouvement, des matelots assis entre deux fûts de canons et trompant la longueur du repos par des récits de voyages, ou bien étendus sur le gazon dans une

[1] Voir la lettre de M. Pitra sur Joseph Vernet citée plus haut.

quiétude si profonde, qu'on devient immobile en les regardant.

Pergolèse mourut dans les bras de Joseph Vernet qui, depuis, n'entendit jamais prononcer sans attendrissement le nom de son ami. Ces versets du *Stabat*, dont il avait vu écrire la musique sous ses yeux, il en conserva précieusement les brouillons, et il les rapporta en France, en 1753, lorsqu'il y fut rappelé par M. de Marigny, après une absence de vingt ans. L'amour de Vernet pour la musique lui fit accueillir Grétry, lorsque le jeune compositeur vint à Paris. Vernet devina son talent et lui prédit ses succès. Quelques traits de la figure de Grétry, sa constitution délicate, et surtout plusieurs de ses chants simples et expressifs lui rappelaient douloureusement l'homme immortel à qui la musique doit une si grande part de sa puissance; car c'est à Pergolèse qu'elle a dû cette forte attention au sens des paroles et cette intention dans les accompagnements, dont ce grand musicien donna le premier exemple à l'Italie.

A l'exemple de Mme de Pompadour sa sœur, le marquis de Marigny aimait les arts et les encourageait. Il eut l'idée de faire peindre les ports de France, et son choix tomba sur Joseph Vernet, qui, sans habiter Paris, n'avait cessé d'y exposer à l'admiration ses admirables *marines*. Personne, peut-être, n'eût été aussi propre que Vernet à cette tâche ingrate qui, offrant si peu de ressources, demandait tant d'esprit; mais c'était peu connaître le génie de Vernet que de lui commander une sorte de peinture didactique. Emprisonné dans un programme officiel, Joseph Vernet dut se sentir mal à l'aise, si l'on en juge par une lettre qu'il écrivait à M. de Marigny au sujet d'une autre commande, lettre curieuse que nous sommes heureux de reproduire ici[1] :

« ... Je ne suis pas habitué à faire des esquisses pour mes tableaux. Ma cou- « tume est de composer sur la toile du tableau que je dois faire, et de le peindre « tout de suite pour profiter de la chaleur de mon imagination ; d'ailleurs l'es- « pace me fait voir tout d'un coup ce que je dois y faire, et me fait composer en « conséquence. Je suis assuré que si je faisais une petite esquisse, non seulement « je n'y mettrais pas ce qui pourrait être dans le tableau, mais j'y jetterais tout « mon feu et, à coup sûr, le tableau en grand deviendrait froid. Ce serait aussi « faire alors une espèce de copie qui me gênerait... Ainsi, monsieur, tout bien « pesé et examiné pour le bien de la chose, *il faut qu'on me laisse libre.* C'est ce « que je demande à tous ceux pour qui j'aie envie de faire de mon mieux ; c'est « aussi la prière que j'adresse à monsieur votre ami pour qui j'ai l'intention « de bien faire. Il peut bien me dire la mesure et le sujet en général, comme « calme, tempête, lever, coucher du soleil, clair de lune, paysage ou marine, etc. ; « mais pas plus que cela : l'expérience m'a appris que je fais toujours plus mal « qu'à mon ordinaire, lorsque je suis gêné par la moindre chose.

« Si l'on veut savoir le prix ordinaire de mes tableaux, le voici : de quatre « pieds de large sur deux et demi ou trois de haut, 1 500 francs chaque ; de trois « pieds et la hauteur en proportion, 1 200 francs ; de deux pieds et demi, « 1 000 francs ; de deux pieds, 800 francs ; de 18 pouces, 600 francs, et plus « grands et plus petits ; mais il est bon de dire que je fais beaucoup mieux quand « je travaille en grand[2]. »

Dans le temps où il écrivait cette lettre, Vernet avait déjà commencé les *Ports de France*. Membre de l'Académie de peinture de Paris, comme il l'était, depuis longtemps, de l'Académie romaine de Saint-Luc, il jouissait de ce rare privilège d'entendre, de son vivant, les éloges de la postérité. A mesure qu'il envoyait au Salon quelques-uns de ces *Ports*, auxquels il mêlait le plus souvent des *naufrages*, des *clairs de lune* ou des

[1] *Cabinet de l'amateur et de l'antiquaire*, tome II, année 1843.
[2] Cette lettre est datée du 6 mai 1765.

marines au coucher du soleil, il pouvait lire avec orgueil dans la correspondance de Grimm ces pages vives, spirituelles, flatteuses pour Vernet, mordantes pour tous les autres, que Diderot y laissait échapper de sa plume trop facile. « C'est un grand magicien que ce Vernet, s'écriait Diderot, on dirait qu'il commence par créer un pays, et qu'il a des hommes, des femmes, des enfants en réserve, dont il peuple sa toile, comme on peuple une colonie, puis il leur fait le ciel, le temps, la saison, le bonheur, le malheur qui lui plaît. »

Plus loin, Diderot compare son peintre favori au Jupiter de Lucien qui, « las d'entendre les cris lamentables des humains, se leva de table et dit : *De la grêle en Thrace*, et l'on voit aussitôt les arbres dépouillés, les moissons hachées, le chaume des cabanes dispersé; *la peste en Asie*, et l'on voit les portes des maisons fermées, les rues désertes et les hommes se fuyant; *ici un volcan*, et la terre s'ébranle sous les pieds, les édifices tombent, les animaux s'effarouchent et les habitants gagnent les campagnes; *en cet endroit une disette*, et le vieux laboureur expire de besoin sur sa porte. Jupiter appelle cela gouverner le monde, et il a tort. Vernet appelle cela faire des tableaux, et il a raison. »

Il faudrait rester des heures entières devant chacun des *Ports* de Vernet pour bien sentir tout ce qu'il y a dépensé de verve, d'imagination pittoresque et de talent. Comment peindre des ports? Si on élève le point de vue, on fait une carte d'ingénieur hydrographe; si on l'abaisse, on n'a plus qu'un horizon plat, des lignes malheureuses et un ciel immense à remplir. Dans ces tableaux, naturellement assez froids, Vernet a su tirer encore

LES ITALIENNES LABORIEUSES

un merveilleux parti de son talent pour les figures; il les a groupées en nombre infini sous des ciels légers, quelquefois gris et argentins, quelquefois brûlants, toujours nuageux; il en a varié de mille manières la pose, l'action, l'attitude. Les unes vendent du poisson, raccommodent des filets, transportent du café, roulent des tonneaux ; les autres se promènent en devisant au soleil. Des Marseillaises s'arrêtent pour écouter les galants propos d'un abbé coquet ; à Bordeaux, on charge un canon pour rendre le salut à une frégate ; ici on élève un magasin ou l'on calfate une tartane; là on empile des boulets, ou bien les fusiliers du guet amènent un matelot querelleur; plus loin, la pêche du thon anime d'un intérêt imprévu la *Vue du Golfe de Bandol*. Ainsi animés, les ports de France eurent à leur apparition un grand succès, surtout depuis que Louis XV, en ayant fait un magnifique éloge, ajouta ces mots d'une honteuse insouciance : *Il n'y a plus de marine en France que celle de Vernet*[1].

En retournant à ses paysages, à ses *marines*, Vernet retrouva tout le feu de son génie. Sa fameuse *Tempête*, gravée d'une manière si admirable et si savante par Baléchou, étendit sa réputation en Europe. La czarine voulut avoir de ses tableaux pour orner sa galerie de l'Ermitage[2], galerie privée où la sensuelle impératrice ne laissait pénétrer que la peinture et l'amour. Quand le prince des Asturies se ménageait à l'Escurial, dans ce qu'on nomme la *Maison d'en bas*, sous les ombrages d'une vallée, un réduit mystérieux, il eut le désir d'en faire peindre par Joseph Vernet des panneaux dont il lui envoya les

[1] Correspondance de La Harpe, tome II, p. 160.
[2] Viardot, *Musées d'Allemagne et de Russie*.

dimensions[1]. Le marquis de Lansdown avait acheté un *Naufrage* de Vernet, qui, à la vente du noble lord, fut adjugé au prix de 145 guinées (3 645 fr.)[2]. Mais c'était en France, chez Diderot, chez Mme Geoffrin, dans le célèbre cabinet du duc de Choiseul, qu'étaient encore les plus charmants Vernet. Celui des *Baigneuses* qui, à la vente du duc de Choiseul, fut payé 5 950 francs[3], est un délicieux tableau, préférable aux plus suaves Poelenburg. Des rochers appuyés l'un contre l'autre et se faisant équilibre ont formé une grotte naturelle qui offre aux baigneuses un asile plein de mystère et de fraîcheur. A voir ces femmes voluptueuses, qui, se croyant inaperçues, se livrent sans peur aux caresses de l'onde agitée, on croirait d'abord qu'il s'agit de Calypso, de ses nymphes et de sa grotte; mais la suivante qui porte un panier de vins et de fruits vous rappelle que c'est là une Calypso familière, que ses nymphes sont venues de la ville prochaine et qu'elles seront troublées, non point par l'arrivée de Télémaque et de Mentor, mais par les propos moqueurs de quelques jeunes Marseillais qu'on aperçoit au loin dans des chaloupes et sur le rivage.

Le défaut qu'on peut reprocher aux figures de Vernet, c'est d'être éclairées ordinairement par une lumière spéciale assez étroite pour permettre le modelé des poitrines, des épaules, des jambes nues. Il semble que la lumière générale du tableau ne lui ait pas suffi et qu'il ait tenu en réserve un certain rayon particulier destiné à faire valoir ses figures du premier plan; mais

[1] *Tableau de l'Espagne moderne*, par Bourgoing, tome I, p. 246.
[2] *Magasin encyclopédique*, tome IV, 1806.
[3] *Catalogue de la Vente du duc de Choiseul*. Paris, 1772.

l'œil, tout entier au spectacle du naufrage, ne s'aperçoit guère de ces ruses, de ces imperfections, si utiles du reste au piquant de l'œuvre, au relief des personnages, si bien en rapport avec la place qu'occupent les figures dans le talent du peintre comme dans l'émotion du spectateur. Quelquefois aussi l'invariable costume de ses pêcheurs devient hors de propos lorsqu'il représente, par exemple, les plages de la Grèce et différentes vues du Levant, et que la Manon de Chardin, la Toinette de Greuze se rencontrent sur les mêmes rives avec la sultane des Contes arabes et l'Arménien de Loutherbourg.

Personne, je crois, n'a surpassé Vernet dans l'art de la composition. On dirait au premier aspect que, surprenant au hasard les navires, les tours, les vieux arbres et les rochers, il les a peints dans le désordre où ils se présentaient à ses yeux ; mais, si on analyse la composition, il est aisé de reconnaître que les lignes se balancent parfaitement, que les groupes se répondent, que les masses sont habilement pondérées, et qu'à travers un désordre apparent le peintre a su donner aux objets la place la plus favorable à la satisfaction de l'œil et à la bonne assiette du tableau. Que de bonheur dans la composition de ses marines! Voyez, par exemple, dans la *Tempête* immortalisée par le burin de Baléchou, comme les rochers bizarres de la gauche se marient bien avec les lignes simples et les fortes assises de constructions romaines qui s'avancent jusque dans la mer! Est ce que l'acanthe n'est pas gracieuse à voir dans sa douceur et son élégance entre des rocs fantastiques et les flots irrités? Et quel effet produisent toujours ces vieux arbres au tronc noueux, tordu et tourmenté, qui sont là pour exprimer la violence du vent ! Ces arbres n'ont de feuilles qu'à l'extrémité de quelques branches où la sève monte encore, tandis que d'autres rameaux ont été emportés par la tempête, ou pendent au tronc, cassés et morts.

On a quelquefois reproché à Vernet certaines fautes contre l'exactitude des manœuvres navales. De son vivant même, l'abbé Leblanc, un de ses grands admirateurs, affectant peut-être plus de connaissances nautiques qu'il n'en avait en réalité, releva quelques erreurs de ce genre dans les tableaux que Joseph Vernet venait d'exposer au Salon de 1748. « L'expression manquerait, dit ce fin critique, si l'on voulait donner aux *marines* de M. Vernet toutes les louanges qu'elles méritent ; des quatre qu'il a exposées et qui sont presque également belles, il y en a deux qui, par leurs effets singuliers, ont attiré le plus votre attention... le second représente un clair de lune rendu avec une grande vérité. La mer y est couverte de chaloupes de pêcheurs. M. Vernet y exprime d'une manière bien sensible comment des vaisseaux sous le même vent peuvent faire différentes routes ; ce qu'il est facile de concevoir en regardant de quelle manière les voiles sont orientées. Cependant il n'a pas assez incliné ou, pour me servir des termes de marine, il n'a pas assez *fait venir à la bande* une des barques qui *porte au plus près*. Quelque bien qu'un bâtiment porte la voile, son côté sous le vent doit être plus engagé dans l'eau. » Quand on parle de choses aussi essentielles que le mouvement des navires, il est permis sans doute d'user de toute son érudition, même avec rigueur. Mais s'il est vrai que notre grand peintre de marines se soit attiré parfois de semblables critiques, il est certain qu'en poussant trop loin

VUE DE PAUSILIPPE

cet esprit d'observation l'on tomberait dans une minutie ridicule. Une exactitude aussi scrupuleuse dans la représentation des agrès d'un vaisseau n'est pas le but que poursuit un véritable peintre. C'est l'élément terrible qu'il s'agit de peindre; et qui donc, à la vue d'une tempête bien représentée, s'aviserait de songer aux poulies et aux garcettes? Si Vernet a pu oublier çà et là quelques détails de la manœuvre, c'est qu'avant tout il n'a pas voulu refroidir sa composition. La vérité des petites choses, en peinture, nuit quelquefois à la vérité des grandes. Le dessinateur d'architecture navale qui dresse le plan du vaisseau qu'on va construire dans le chantier est tenu, sans doute, de se soumettre à la fidélité voulue des moindres parties; mais une telle obligation ne saurait être imposée à un peintre qui pense à émouvoir. Vernet voyait juste la physionomie et l'ensemble; assez juste pour qu'un marin qui sait voir en grand pût reconnaître la manœuvre; mais il ne s'arrêtait pas à compter les clous et les chevilles et d'autres objets que les petits artistes peignent avec tant de satisfaction, au détriment de la masse et de l'effet[1].

Joseph Vernet mourut le 3 décembre 1789, aux Galeries du Louvre, où le roi lui avait accordé son logement. Il laissait deux élèves, Lacroix et Volère; mais les vrais héritiers de son génie furent dans sa famille. Que Diderot, contemporain de Vernet, ait pu se laisser aller outre mesure à l'enthousiasme, alors universel, qu'excitaient les marines de ce grand peintre,

[1] Voyez ce que dit à ce sujet, avec beaucoup de sens, le peintre Valenciennes, dans ses *Éléments de perspective pratique, suivis de Réflexions sur la peinture et particulièrement sur le paysage*. Paris, 1821.

on le concevrait, surtout chez un écrivain prompt à s'enivrer de ses propres écrits et traînant toujours la critique à la suite de la passion, la raison à la remorque de la poésie. Mais l'admiration qui s'est emparée du XVIIIe siècle pour Joseph Vernet, et qu'exprimaient en toute occasion les grands hommes de ce temps-là, depuis Voltaire jusqu'à La Harpe, elle s'est continuée et soutenue dans notre siècle. A travers les variations excessives de nos idées en peinture, l'école de David, qui avait horreur de quiconque avait tenu le pinceau sous Louis XV, et qui enveloppa dans ses mépris jusqu'à l'inimitable Chardin, l'école de David fit exception pour Vernet. Taillasson a rencontré des pages éloquentes en parlant de ce grand artiste. « Il a rendu, dit-il, mieux qu'aucun peintre, la belle forme des nuages, de ces corps immenses et légers, éblouissants, ténébreux, montagnes flottantes, élevées, renversées, dissipées par les vents. Nul n'a exprimé comme lui le fracas de l'épouvantable ouragan, par la distribution sublime de l'ombre et de la lumière. Eh ! qui a donné, comme lui, aux flots de la mer, la beauté, la grâce, l'énergie et pour ainsi dire l'expression ?... Si d'autres ont dessiné tous les cordages des vaisseaux, lui seul leur a donné toute leur âme... leurs agrès, leurs mâts brisés, leurs voiles déchirées, leurs tristes débris ont l'intérêt le plus attachant. Quel peintre de ce genre a mis dans ses tableaux des scènes aussi vraies, aussi pathétiques?... Tantôt peignant la fraîcheur et la douce clarté du matin, il présente le soleil s'élançant du sein d'une mer immobile ; tantôt il le peint s'y plongeant environné d'or, de pourpre et de feux et paraissant embraser à la fois la terre, les cieux et les mers! Quelquefois il le montre presque effacé sous l'épaisseur d'un brouillard qui prête un nouvel intérêt à la nature en la laissant à peine apercevoir. Les incendies au milieu de la nuit, ces spectacles ravissants, déchirants, épouvantables, surtout dans un port de mer, il les a rendus avec une effrayante vérité. Souvent il peint la lune éclairant des rives heureuses ; les feux allumés par les matelots font un contraste piquant avec ses rayons argentés ; on aime à les voir se jouer sur la sombre immensité des flots ; on se plaît à découvrir au loin d'ambitieux mortels en de frêles asiles, traversant l'univers dans le silence des nuits... Quoique ses tableaux de tempêtes soient ce qu'il a fait de plus sublime, il en a peint aussi d'admirables représentant des temps calmes à différentes heures du jour : c'est un bras de mer dont les ondes azurées se balancent et brillent dans un paysage délicieux : ce sont des mers tranquilles, sillonnées par des vaisseaux que pousse un vent léger, ce sont de paisibles rivages sur lesquels des pêcheurs fortunés, au milieu de leurs douces occupations, semblent chanter leurs amours et la liberté. » C'est ainsi que Vernet fut apprécié longtemps après sa mort, car à l'époque où Taillasson écrivait ces lignes, il s'était passé toute une grande révolution aussi bien en peinture qu'en politique. De nos jours, les grandes nations étrangères placent encore Vernet au premier rang. Lui-même, du reste, il s'est jugé par un mot qui doit rester, car il est juste, lorsqu'il a dit, en se comparant à ses plus illustres rivaux : « *Inférieur à chacun d'eux dans une partie, je les surpasse dans toutes les autres.* »

CARLE VERNET

CARLE VERNET

CARLE VERNET

NÉ EN 1758. — MORT EN 1835

Le premier tableau que le hasard me fit rencontrer, au sortir du collège, fut un tableau de Carle Vernet. Il représentait, je m'en souviens, un magnifique et léger équipage attendant à la porte grillée d'une maison de campagne des environs de Paris : Auteuil, Verrières ou Meudon. La maison se détachait sur un fond de grands arbres, dont la verdure était rappelée par la couleur des contrevents. A voir ce bel attelage, haut monté et fumant comme il sied à des chevaux de carrosse, la porte du logis entr'ouverte et les bouquets d'arbres à demi cachés par un mur, pour plus de mystère, il y avait de quoi bâtir un long roman tout rempli d'aventures charmantes. Quels étaient les heureux maîtres qu'allait emporter cette voiture à travers le Bois, et qu'attendait un jockey immobile? quelle intrigue allait dénouer ce départ? Voilà un simple tableau qui donnait à penser bien des choses à un écolier nouvellement venu au monde avec des intentions de poésie! Admirable privilège de la peinture! elle enchante ceux qui ont connu la vie et ceux qui l'ignorent; elle plaît aux uns en les faisant repasser par les impressions de la jeunesse, aux autres en leur ouvrant un horizon qui les invite au voyage.

Il était dans la destinée de Carle Vernet de peindre les amusements et le bonheur du riche, les occupations de l'oisif. Fils d'un peintre illustre, le seul nom de son père lui épargnait la moitié du chemin, et le dispensait de s'engager dans ces luttes où tant d'autres succombent ignorés. La gloire, la fortune, la bienveillance du monde, l'accueil des grands, il trouva toutes ces choses si bien préparées, que son esprit demeura toujours enjoué et facile, n'ayant pas à traverser les rudes épreuves qui assombrissent le talent.

Né à Bordeaux le 14 août 1758, pendant le séjour qu'y fit son père, alors chargé par Louis XV de peindre tous les ports de France, il était le plus jeune des trois enfants de Joseph Vernet et de Virginia Parker, issue d'une famille anglaise fixée à Rome. A cinq ans, il dessinait déjà d'une façon surprenante, si bien que son père en parla un jour avec feu chez M. d'Angivilliers, où se réunissait une société choisie ; et comme on se récriait sur l'aveuglement de la tendresse paternelle, Joseph Vernet envoya chercher son fils. Voilà le pauvre enfant installé au milieu du salon, une feuille de papier devant lui et un crayon à la main. Suivant son instinct, il dessine hardiment un cheval, et, à mesure qu'il avance, on murmure autour de lui : « Bien ! très bien ! mais il a pris trop bas, il n'aura pas de place pour les jambes. » L'enfant continue sans se déconcerter, achève le corps, commence les jambes du cheval, puis en quatre coups de crayon il figure de l'eau sur le bas de sa feuille, faisant ainsi prendre un bain de pieds à son cheval et laissant les spectateurs étonnés de sa présence d'esprit.

Avant même d'avoir fini ses études, Carle Vernet avait connu tous les hommes célèbres de son temps : il avait pu jouir de leur conversation, recevoir leurs encouragements et leurs éloges. Dans un voyage en Suisse, il fut présenté à Voltaire, qui professait une admiration passionnée pour les *marines* de Joseph. Le philosophe reçut le père et le fils avec beaucoup de grandeur dans sa seigneurie de Ferney, et il dit au jeune Carle : « Vous êtes ici chez un confrère de votre père ; *anch'io son pittore !* » A la suite de son voyage, où il visita successivement Rousseau, Gesner, Lavater et Tissot, Carle Vernet revint à Paris pour y terminer ses études, et il entra ensuite dans l'école de Lépicié, peintre austère et bizarre qui, entre autres manies, avait celle de s'habiller toujours en moine. C'est à lui, sans doute, que le jeune Carle dut les premières idées de cette excessive et singulière dévotion qui fut le travers de toute sa vie. Ce Lépicié était pourtant un habile homme ; il dirigea si bien son élève, que celui-ci remporta le grand prix de peinture en 1782. Il avait obtenu le second prix à dix-sept ans, l'année même où David fut couronné.

LE GASTRONOME SANS ARGENT.

C'était un jeune homme déjà fort à la mode et un écuyer brillant que ce nouveau pensionnaire de Rome. Il avait une figure agréable, une de ces figures aux vives arêtes, dont on se souvient pour les avoir vues une fois; un nez légèrement arqué, une lèvre fine, un regard plein de bonté et de pénétration. Élégant, bien jambé, sa jolie tournure, son nom, ses manières, son goût pour l'équitation, le faisaient rechercher dans le monde, où il avait été lancé de si bonne heure. On admirait surtout l'à-propos de ses réparties, et sa merveilleuse facilité à jouer sur les mots : c'était l'époque de M. de Bièvre.

Joseph Vernet n'avait donné à la peinture que la moitié de sa vie, ayant passé l'autre auprès des grands seigneurs et des philosophes, en compagnie des beaux esprits de son temps, au milieu desquels il avait toujours figuré avec distinction. Comme il n'avait pas perdu, malgré son âge, l'envie de briller, il empruntait à son fils Carle un supplément d'esprit, et il lui achetait ses calembours à raison de six francs la pièce. Mais le jeune homme, malgré la fécondité de sa verve, se trouvait quelquefois à court d'argent et de bons mots. Alors, comptant sur la mémoire affaiblie de son père, il lui revendait un calembour déjà payé : et c'était une autre manière d'avoir de l'esprit, car le vieux Joseph, lorsqu'il aventurait sa seconde édition, manquait son effet et revenait furieux de sa déconvenue.

Arrivé en Italie, Carle Vernet se mit à contempler comme tout le monde les fresques de Raphaël, les tableaux de Jules Romain ou de Salvator ; mais ce fut principalement pour voir comment ces maîtres avaient peint les chevaux. Lui qui en avait fait une étude spéciale, qui les aimait en peintre et les connaissait en écuyer, il ne put être séduit par ces formes épiques, d'une ampleur convenue, dont le tort était d'enlever à la nature tout ce qu'elles donnaient à des apparences d'héroïsme. Au lieu d'être entraîné, ainsi que plus tard Géricault devait l'être un instant, par l'autorité de l'exemple, il fut amené à réagir, et il résolut, au risque de déplaire à MM. de l'Académie, de mettre ses personnages, fussent-ils Grecs ou Romains, sur des chevaux comme on en voit tous les jours au Bois.

Mais c'est à peine s'il put retirer quelque fruit de ses observations, car une circonstance particulière avait déjà tellement changé son humeur, que, lorsqu'il était devant sa toile, le pinceau lui échappait des mains. Son esprit, toujours si présent et si gai, s'était couvert d'un voile de tristesse, et, pendant qu'il parcourait cette cité de Rome remplie de souvenirs et déserte en quelques endroits, sa pensée était tout entière à Paris, dans un salon où il avait dit adieu à une jeune fille, Mlle de Montbars. En vain la noblesse romaine lui ouvrait ses portes, il demeurait solitaire et taciturne, ne se plaisant qu'à l'aspect des ruines extérieures, ou à écouter le chant des églises, qui ajoutait au sentimentalisme de son amour. Peu à peu, les idées religieuses pénétrèrent dans cette âme ouverte aux impressions. La mélancolie le rendit pieux, les prêtres le rendirent dévot ; et ne se souvenant plus qu'il voyageait pour devenir peintre, il voulut un beau jour se faire moine. Son pere, averti, se hâta de le rappeler, et le supplia de reprendre ses travaux ; mais le jeune converti n'entendait pas renoncer à la vie monastique, et il ne parlait plus que d'entrer aux Feuillants. Par bonheur, il fit choix d'un confesseur éclairé, qui ne tarda pas à comprendre quelle était la maladie de ce cavalier plein de grâce, et qui, en homme de sens, lui conseilla de se marier au plus vite, de retourner à sa véritable vocation, la peinture, et à son exercice favori, l'équitation.

Qu'allait faire le néophyte rendu à sa palette? Imiter Vincent? suivre la trace de Brenet ou celle de l'*ignare* Suvée, comme l'appelait David? Carle Vernet avait pour cela trop d'originalité dans l'esprit. D'ailleurs, la peinture, pour lui, c'était surtout la mise en scène des chevaux. Il ouvrit donc l'histoire avec l'intention d'y puiser quelque grand sujet où il pût développer à son aise une de ces longues processions équestres qu'il voyait passer dans son imagination. Il s'arrêta au *Triomphe de Paul-Émile*; car il fallait bien alors faire acte de respect pour l'antique. Les amours en paniers, les bergeries, commençaient à passer de mode; Vien avait déjà timidement essayé la réforme, et, parmi les camarades de Carle Vernet, il y en avait un qui méditait le *Serment des Horaces*, c'est-à-dire toute une révolution en peinture.

Le *Triomphe de Paul-Émile* se ressentit de la transition; si cet ouvrage tenait aux idées nouvelles par le choix du sujet, par la forme obligée du costume et par le type des figures, on y retrouva néanmoins le style de l'époque précédente, et un certain caractère français bien reconnaissable en dépit des héros représentés. L'artiste avait, du reste, un éloignement inné pour la boursouflure, et il envisageait toujours les choses au point de vue réel, de sorte qu'il imagina une composition simple, naturelle et noble, sans attendre l'influence et les exemples de David. Jusque-là on dessinait mal les chevaux;

LES ANGLAIS A PARIS

plutôt que d'observer la nature, on étudiait Van der Meulen, dont on affaiblissait la tradition en la continuant. Cet habile maître, ayant sous les yeux les carrousels de Versailles, avait dû peindre le cheval de parade, celui qui se cabrait majestueusement sous la majestueuse perruque de Louis XIV. Depuis on n'avait pas su démêler dans ces formes ce qui convenait exclusivement au cortège du grand roi, si bien que la peinture reproduisait de son mieux les lourdes statues équestres de nos places publiques, ces chevaux de brasseurs qui lèvent une jambe en forme de parenthèse, et traînent péniblement après eux leur immense croupe. Au lieu de faire revivre le coursier fringant de Wouwermans, on plantait le monarque sur le cheval laboureur de Paul Potter. Carle Vernet fut le premier qui prit la peine d'aller au haras ou au manège; il rendit au cheval ses vives allures, son expression dans l'attente, sa grâce, sa coquetterie, l'éclat de son regard et ses naseaux enflammés.

Pendant qu'il travaillait à ce vaste tableau, son titre futur d'admission à l'Académie, Carle tenait sa porte soigneusement close, n'osant montrer son ébauche à personne, pas même à son père. Mais, comme il l'avait commencée sans arrêter de plan, et que son sujet allait s'agrandissant au fur et à mesure, il fut obligé de commander une seconde toile pour la rajuster à la première, puis une troisième toile, de façon que, l'atelier devenant à son tour trop petit, il fallut bien enfoncer la porte pour donner passage à cette nouvelle rallonge. Curieux de voir une composition ainsi faite en trois volumes, Joseph Vernet vint visiter son fils, accompagné de son ami Moreau le jeune, graveur du cabinet du roi, l'auteur de tant de vignettes adorables qu'on recherchait alors, qu'on pille aujourd'hui. Carle attendait leur jugement dans la plus vive anxiété, quand son père se jette à son cou en lui disant : « Tu es un peintre! » Ce jugement, que le jeune homme croyait suspect dans la bouche d'un père, fut sur-le-champ confirmé par Moreau, et dès ce moment fut arrangé le mariage de Carle Vernet avec la fille du graveur, mariage qui fut célébré en 1787.

Déjà l'ex-novice des Feuillants était redevenu l'homme des plaisirs et des cavalcades. Le duc d'Orléans le mettait de toutes ses parties de chasse. Carle y prenait des leçons de peinture, des points de vue, des épisodes, et, rentré chez lui, il quittait la cravache pour le pinceau. Un jour, le duc d'Orléans lui commanda le tableau d'une chasse qu'il avait faite au Raincy avec le duc de Chartres, depuis Louis-Philippe. Carle fait de son mieux, dit M. Paul Huguet, à qui j'emprunte cette anecdote, représente les deux princes à cheval et remet son tableau. Deux mois s'écoulent; les parties vont leur train; Carle voit tous les jours le duc, et on ne lui dit pas un mot de son travail. Le jeune artiste commençait à trouver ce silence infiniment trop prolongé, lorsqu'un jour on le mande au Palais-Royal. Le peintre y court, pensant aller à quelque partie de plaisir. On l'introduit dans une pièce remplie de tabatières de luxe et tapissée de cannes du plus grand prix. Le futur muscadin se disait à lui-même : J'estime peu ces tabatières, mais je priserais fort une de ces cannes. Le duc, après lui avoir tout montré, lui remit quatre mille livres en disant : « Vous avez beaucoup trop de discrétion à l'égard d'un homme qui a si peu de mémoire. » Voilà un prince qui donnait de bons exemples.

LES CHIENS SAVANTS

Le *Triomphe de Paul-Émile*, achevé en 1788, valut à l'auteur son entrée à l'Académie de peinture. D'après le cérémonial en usage dans cette académie, le récipiendaire était introduit par un huissier qui le présentait à chacun des membres, auxquels il devait faire un salut. Lorsque Vernet fut arrivé devant son père, ils oublièrent tous deux les lois de l'étiquette, et se précipitèrent dans les bras l'un de l'autre, aux acclamations de l'assemblée, qui, pour la première fois depuis sa fondation par Louis XIV, voyait un père et son fils siéger en même temps dans son sein. Les deux Vernet ne jouirent pas longtemps de ce privilège, devenu héréditaire dans leur famille. Joseph mourut en 1789, âgé de soixante-seize ans, mais n'ayant rien perdu de cette verdeur qui faisait dire à La Harpe : « Ce qui tient du prodige, c'est Vernet qui, à l'âge de soixante-seize ans, n'est pas baissé, mais a paru même tout nouveau ; on peut dire de cet homme que la nature l'a mis dans ses secrets. »

Quant vint la Révolution, Carle Vernet ne s'était jamais occupé de politique. Il se fit royaliste sans trop savoir pourquoi, peut-être parce qu'il avait des amis parmi ceux qui allaient périr dans la tempête. En 1792, il était à Paris, capitaine de la garde nationale. Au 10 août, au moment de l'attaque des Tuileries par le peuple, Carle, qui logeait au Louvre avec sa famille, entend les coups de fusil et voit voler ses vitres en éclat. Il saisit son fils âgé de trois ans, le prend sur ses épaules, monte à cheval et traverse la place du Carrousel, accompagné de sa femme, qui emportait, de son côté, une petite fille de quatre ans. Comme il avait ôté son uniforme et n'avait gardé que sa veste blanche à collet rouge, les républicains le prennent pour un Suisse et font feu sur lui. Carle, blessé à la main, poursuit sa route, et ne parle de sa blessure que lorsqu'il a mis en sûreté sa famille et ce petit garçon de trois ans, qui s'appelait Horace Vernet.

Mais une épreuve plus terrible l'attendait encore. Sa sœur Émilie Vernet, femme gracieuse et belle, dit-on, mariée à l'architecte Chalgrin, fut condamnée à mort par le tribunal révolutionnaire pour avoir recélé une correspondance avec des princes émigrés. Carle était le camarade de David ; il court chez lui et le supplie, tout en larmes, d'intercéder auprès de Robespierre. Nous ne savons ce que répondit David ; mais ses instances, s'il en fit, furent inutiles. Mme Chalgrin fut exécutée.

On conçoit aisément que les peintures de Vernet qui datent de cette période orageuse, comme les *Funérailles de Patrocle*, ne portent pas l'empreinte de sa verve habituelle, de cette vivacité qui était le cachet de son talent. Mais ce talent, cette verve, lui revinrent sous le Directoire. Il put alors s'élancer de nouveau dans cette vie de plaisirs bruyants qui avaient toute la puissance d'une réaction, reparaître sur la scène du monde élégant, et donner un libre essor à cet esprit de bons mots et de calembours qui allait un peu mieux à Barras qu'à Robespierre.

Singulière époque, où l'on vit les roués de la Régence ressuscités sous la forme républicaine, et, à la faveur d'une parodie des mœurs antiques, la corruption porter le *chapeau à la Minerve*, se couvrir du *voile à l'Iphigénie*. Caton lui-même se faire galant, et Brutus se transformer en dameret ! Carle se trouva plus mêlé que personne à cette joyeuse existence de la

LA COURSE

jeunesse dorée, si bien qu'il n'eut pas même le loisir de peindre et ne fit que dessiner. La *Mort d'Hippolyte*, des *Courses de char*, magnifiques dessins que la gravure s'empressa de répandre, agrandirent sa réputation commencée. A peine avait-il fini de tracer le char d'Hippolyte, de représenter le héros renversé, l'effroi des chevaux et le monstre bondissant, et les portes de Trézène servant de fond, je crois, qu'il courait au Champ-de-Mars soulever la poussière des jeux olympiques. Le voilà qui se présente avec tous les *Incroyables* de Paris, Tourton, Bacuée, Lagrange, pour leur disputer le prix de la course à pied ; que dis-je? pour remporter ce prix, car il le remporta, et le directeur La Réveillère-Lepaux, en couronnant le véloce vainqueur, lui dit gracieusement : « Votre nom est accoutumé à tous les triomphes[1]. »

Au milieu de ces fêtes, la railleuse intelligence de Carle Vernet ne demeura point inactive, et il ne perdit jamais son crayon dans la mêlée. L'observation avait toujours été un amusement pour lui. Maintenant qu'il avait sacrifié sur l'autel de l'Académie, il se jouait de la gravité doctorale de ses confrères, en donnant à l'art de Callot un caractère nouveau, plus vrai, moins fantastique, mais non moins spirituel. Fatigué des Grecs et des Romains, il jeta aux orties le manteau de Paul-Émile, relégua dans un coin la figure nue, le bas-relief, le char antique, et il se mit à copier ses amis, ses camarades, ceux qui chevauchaient avec lui, qui patinaient sur la glace, qui donnaient le ton, et qu'on voyait, le soir, dévisageant la beauté au Palais-

[1] On nous assure que Carle Vernet ne remporta pas le prix de la course. Nous tenons cependant le fait de très bonne source.

Royal, dans ces fameuses galeries de bois qu'on appelait le *Camp des Tartares*. Le crayon qui avait dessiné le fils de Thésée en un style correct et noble comme le vers de Racine, fut employé à saisir les formes extravagantes de la mode, les bottes à retroussis, le frac de l'an VII.

Jamais on ne fit de caricatures plus amusantes que celles des *Incroyables*, où la pureté du contour n'ôte rien à la malice des intentions; modèles de satire qui ont eu le succès de la vogue et le succès de la durée. Nos dessinateurs d'aujourd'hui sont réduits à les calquer, en désespoir de mieux faire. Les jeunes aristocrates devenus le sujet de ces plaisanteries portaient des redingotes grises et des cravates vertes ; leurs cheveux, au lieu d'être à la Titus, étaient nattés, poudrés et relevés avec un peigne, tandis que des *oreilles de chien* accompagnaient la figure. Ils avaient à la main de grosses cannes dont ils se servaient indifféremment pour provoquer ou pour se défendre. Leur crânerie, leur vive désinvolture, à travers le ridicule, ne pouvait échapper à l'œil de Carle Vernet. Les deux Incroyables qu'il a dessinés s'arrêtent l'un devant l'autre. Le plus pincé des deux lorgne son compagnon d'un air protecteur, en faisant une petite moue fort à la mode en ce temps-là. Il n'y a de différence entre eux que dans la coiffure et la chaussure. Le lorgneur a des culottes jarretées, des escarpins, et laisse voir une jambe gracieusement accentuée. L'autre a des bottes molles ne couvrant guère que la cheville, et pouvant servir à dissimuler cette partie de la jambe qui, plus ou moins dégagée, constitue un homme bien fait. D'immenses perruques blondes s'abattent le long des joues. Le gilet à la Robespierre et le petit chapeau, tel que

Napoléon le porta plus tard, complètent le costume du lorgneur; l'autre tient à la main un vaste tromblon semblable à ce que furent, sous la restauration, nos *bolivars*.

A côté des *Incroyables*, figurent les *Merveilleuses*. C'est la même scène observée entre deux femmes. Une énorme bourgeoise, portant sur la tête des rubans pointus et raides qui lui donnent l'air d'un colimaçon épanoui, rencontre une merveilleuse élancée, fluette, qui fend les airs avec un long chapeau creusé en cuiller, d'où sortent les mèches flottantes de ses faux cheveux. Chacune d'elles relevant sa robe, il semble que le peintre ait voulu établir un contraste entre les deux mollets. Celle-ci en a un puissant et dodu, comme un pain de sucre renversé ; celle-là, au contraire, trahit une jambe impossible, dont l'interminable fuseau fait honte à l'embonpoint de sa rivale. Le peintre, cependant, tout en accusant le comique des formes, en charge à peine le travers. C'est par la tournure, par le mouvement, par le geste, qu'il nous saisit. Par là il supplée à l'exagération qui diminuerait la surprise, au lieu de l'augmenter, de sorte que ses figures paraissent avoir vécu réellement, avoir été prises sur le fait, en flagrant délit de ridicule, au moment où elles passaient dans la rue, sous les fenêtres de Carle Vernet. Si vous retrouvez ces mêmes élégants dans leur promenade à cheval, vous diriez que leur monture s'est fait un devoir de maigrir et de s'évider comme eux. La pauvre bête montre ses os à la lumière pour plus de convenance, et reste efflanquée par respect pour le bon ton.

C'est en regard de ces impayables caricatures qu'il faut voir des groupes d'Anglais se donnant des tournures ou faisant des grâces. Ici, le gastronome rebondi, court, ramassé, luisant, plein de vie, de joie et de lui-même : là, le gentleman, dont la tête est toute en longueur, qui promène d'un air capable son auguste épouse, caparaçonnée de vingt collerettes en tuyaux, gaufrures et falbalas, coiffée du petit chapeau de la Compagnie des Indes, et tenant un parapluie à long manche, dont l'étoffe mettrait à l'abri un serin.

Entré désormais dans la peinture de la vie réelle, Carle Vernet abandonna, pour n'y plus revenir, les errements de David, dont il ne comprenait guère la portée. Dès qu'il eut ainsi renoncé à rajeunir de vieilles traditions, pour écrire jour par jour l'histoire de son temps, la profonde connaissance qu'il avait acquise des chevaux et la soudaineté de son talent le portèrent à se faire peintre de batailles ; il sut se créer dans ce genre une place à part. Carle est en effet le premier qui ait donné dans ses batailles une si grande importance à l'élément stratégique. Ses tableaux nous montrent toujours les grands mouvements qui ont décidé du sort de l'action, et si la couleur en est généralement un peu terne, ils ont en revanche d'autres mérites, celui, par exemple, d'être historiques au premier chef.

Déjà il s'était essayé à ce nouveau genre, en composant une suite de dessins sur les campagnes d'Italie, que Duplessis-Bertaux se chargea de graver. On y remarquait l'exactitude des mouvements, une facilité rare à les rendre à la fois justes et pittoresques. Tous ces dessins ont une physionomie locale. La nature des terrains, l'aspect de la montagne, y sont très bien observés. Les premiers plans se composent toujours de groupes spirituellement arrangés, et qui rappellent les chariots et les

LE BOMBARDEMENT DE MADRID

bagages des tableaux de Casanova. Sans avoir besoin, comme Van der Meulen, de supposer le spectateur en ballon, Vernet place le point de vue assez haut pour développer les lignes stratégiques, le plan des villes assiégées, les diverses pentes des montagnes. Rien n'est plus pittoresque, par exemple, que la bataille de *Millesimo* ou le *Passage du Pô devant Plaisance*. On dirait que le peintre a suivi l'armée, et qu'il retrace tous les événements de mémoire, comme faisait en Espagne le général Bacler d'Albe. La fine pointe de Duplessis-Bertaux ajoute encore au charme de ces heureuses compositions l'intelligence et l'agrément de la gravure.

Ces dessins sur les campagnes d'Italie n'étaient qu'un acheminement à peindre les batailles aux vastes proportions. Le plus célèbre et le meilleur des ouvrages de Carle Vernet, c'est la *Bataille de Marengo*. Dans cette grande page de trente-deux pieds de long, l'auteur a voulu faire comprendre les manœuvres de l'immortelle journée. Ce n'est pas là un de ces épisodes insignifiants qui ne disent et n'apprennent rien : des blessés qu'on emporte sur le devant, et un général qu'entourent des aides de camp affairés avec une aile de moulin par-ci, un peu de fumée par-là. Non, c'est un vrai fait d'armes, une exacte bataille dont le plan est si nettement tracé, que chacun peut calculer les chances, prévoir le vainqueur ou se passionner pour le vaincu. A gauche, vous voyez l'armée des Autrichiens, vêtue de blanc, coupée en deux par la cavalerie française, et il est clair que toutes les troupes impériales qui se trouvent en deçà vont être enveloppées et amenées prisonnières. Déjà le premier plan est couvert d'officiers ennemis qui rendent leur épée, en jurant ou en pleurant. Au loin, dans la plaine, on aperçoit un général français, qui vient d'être frappé mortellement. C'est le général Desaix. A droite, Napoléon, environné de son état-major, donne le signal de cette marche au pas de charge qui fit regagner à l'armée française le terrain qu'elle avait perdu en se repliant tout exprès. Là se trouvent de superbes chevaux aux robes variées, des têtes fort bien peintes et remplies d'expression. Celle du jeune Beauharnais est d'une charmante fraîcheur. Autour de Bonaparte s'agitent les mille aigrettes d'un régiment de dragons dont le mouvement général est ainsi parfaitement saisissable.

Si l'on détachait certains morceaux de cette toile, ils seraient, dans leur isolement, d'une couleur agréable ; mais l'ensemble, à force d'être sage, est un peu froid et ne produit que la moitié de l'effet prévu. Que si l'on parcourt un à un tous les épisodes où reparaît le côté réel du talent de Vernet, on ne peut s'empêcher d'en admirer la vivacité et le naturel. Personne jusqu'alors n'avait reproduit avec cet accent de vérité la physionomie de nos soldats, leur allure, l'aspect de leur fusil, de leur giberne, les moindres accidents de leur uniforme. Carle les a peints vite, hardiment et gaiement, comme ils se sont battus. Sans doute, on voudrait, dans ce grand tableau, une plus chaude lumière, une mêlée plus sérieuse, plus émouvante ; malheureusement Carle n'était pas coloriste, pas assez, surtout, pour oser un puissant effet de soleil ; il n'avait pas la fougue de Salvator, ni la vigueur et les empâtements de Bourguignon, et Parrocel l'eût certainement accusé de ne pas savoir *tuer son homme*. L'envie d'être exact, les ordres du ministre, le bulletin officiel qu'il fallait suivre, enlevaient d'ailleurs à l'artiste les immenses ressources que peut offrir un tableau de fantaisie, et certainement c'est le bureau de la guerre qui a refroidi l'ensemble de la couleur. Mais, du moins, l'ordonnance est large et belle, l'exécution franche, les hommes et les chevaux sont unis d'intention et de mouvement; pas un détail ne nuit à la masse, et de tous les peintres de bataille qui procèdent de Carle Vernet aucun n'eût écrit avec plus de précision l'histoire de ce mémorable fait d'armes, où l'habile artiste a su concilier la science de Jomini avec la clarté de M. Thiers.

On reproche à Carle Vernet de n'avoir qu'un type pour ses chevaux; mais qu'importe, après tout, si ce type est beau, s'il est aimable, s'il n'est pas imaginaire et convenu? L'art est la combinaison de la nature avec le sentiment individuel. Que Vernet ait une manière originale et constante de sentir et de voir, il faut l'en féliciter, je crois, car c'est le don des artistes éminents. Si Carle est au nombre des premiers peintres de chevaux, il le doit précisément à cette prédilection pour les races fines qu'il excelle à peindre, il le doit à cette uniformité qui l'empêche d'être confondu avec d'autres. Eh! mon Dieu, celui qui verrait la nature avec les lunettes de tout le monde ne serait pas un artiste, pas plus que le daguerréotype n'est un peintre. Voyez Gros, Géricault, Van der Meulen : n'ont-ils pas un type aussi, un type invariable? J'admire ces peintres qui n'ont pas besoin de signer leurs toiles. De même que vous prononcez le nom de Géricault en voyant ce cheval du peuple, musculeux, puissant, noble dans sa force, et aussi robuste que son cavalier, de même vous avez nommé Carle Vernet en apercevant ces chevaux qu'il a représentés trop secs, il est vrai, mais vifs, élégants, fins, solides et délicats tout ensemble, et semblables à son propre tempérament.

Pour les tableaux de chiens, de courses et de vénerie, Carle n'a pas son pareil, même en Angleterre, où tant de peintres renommés se livrent uniquement à ce genre. Son cheval, il le sait par cœur, de la sole au chanfrein. Mais ne lui demandez pas autre chose que les plus beaux modèles des haras d'Exmes ou de Viroflay ; laissez son pinceau spirituel mettre en scène des dandys à la chasse ou des dames en calèche, avec piqueurs aux portières. Si on lui commande un tableau d'histoire, il saura sans doute poser une figure sur ses pieds, aussi bien que la camper en selle ; mais, à ne suivre que ses propres goûts, il aimerait mieux nous montrer ses héros dans la campagne, avec une jaquette et un couteau de chasse au côté, franchissant buissons et barrières.

Les grandes proportions conviennent moins au talent de Carle Vernet, talent fécond et actif qui aime à produire beaucoup, non à s'appesantir sur une œuvre de longue haleine. Comment nommer cette action qui porte le titre de *Matin de la Bataille d'Austerlitz*? N'était la célébrité des personnages, qui s'appellent Napoléon, Bernadotte, Bessières, Murat, cette toile pourrait passer pour un immense tableau de genre, un Albert Cuyp sur une grande échelle, sauf la belle couleur et le beau faire du Hollandais. Mais la seule dimension des figures nous avertit que c'est là un tableau d'histoire ; car Vernet avait trop d'esprit pour donner à une simple parade des proportions aussi magnifiques, si elles n'étaient justifiées par l'intérêt qui s'attache

LES INCROYABLES ET LES MERVEILLEUSES

aux modèles représentés. L'auteur a mis ici autant de mouvement et plus d'énergie qu'à l'ordinaire ; les hommes et les chevaux sont également bien peints ; mais la tête de l'Empereur me paraît manquée, en supposant même qu'elle ressemble, dans sa pâleur, à ce qu'il était alors. On voudrait y voir cette sérénité du héros, qui, la veille, s'est endormi du sommeil d'Alexandre et ne s'est réveillé que pour la victoire. Cette tête de l'Empereur, Carle ne l'a jamais bien réussie, lui qui a si heureusement traité les figures des maréchaux et des grands officiers dont se composait l'escorte impériale.

Excepté le cheval de Napoléon, qui est d'une blancheur éclatante, tous les chevaux de cette composition sont de robes foncées et variées ; tous sont remarquables par la souplesse, par la précision de leurs mouvements, et aussi par un certain air de fierté, comme s'ils aspiraient l'odeur du combat. Les cavaliers posent sur leurs montures avec cet aplomb qui est une partie de la grâce de l'écuyer. Les groupes se soutiennent habilement et s'enlèvent en vigueur sur un fond clair ; le ciel est d'un ton ferme, précisément pour ne pas former un repoussoir trop dur, mais on s'attendait à le trouver plus léger et plus lumineux, tel que dut le faire briller l'aurore de cette journée d'Austerlitz, si fameuse par le soleil qui l'éclaira.

Comme peintre, c'est là ce que Vernet a fait de plus solide. Sa peinture, ordinairement lisse et vitreuse, a eu cette fois plus de consistance, et les riches costumes qu'il avait à peindre ne sont pas seulement ajustés avec goût, ils sont encore touchés d'une façon large et sûre, notable chez un peintre qui, même dans de grands tableaux, n'était jamais sorti des proportions du chevalet.

Partout où il n'est besoin que de voir la surface des choses, de se rappeler le geste naturel des personnages, leurs allures habituelles, leurs dehors, Carle Vernet trouve d'amples ressources dans son talent d'observation et dans le pittoresque souvenir que lui ont laissé tous les objets qu'il a vus. Mais son insuffisance se trahit bien vite quand il s'agit d'accentuer fortement le visage, d'imprimer à une situation dramatique un caractère saisissant et profond. Alors la passion prend chez lui des attitudes forcées, et l'expression de la douleur touche à la grimace. Je n'en veux pour preuve que le tableau du *Bombardement de Madrid*.

« Ces compositions, dit M. Guizot[1], offrent de très belles « parties ; il y a surtout un ensemble bien entendu, de la finesse « et de la légèreté dans la touche : mais la tête de l'Espagnol « qui regarde avec effroi une montre que tient M. le duc « de Frioul, et sur laquelle l'Empereur indique l'heure à laquelle « la ville doit être rendue, est de l'expression la plus exagérée ; « les traits semblent décomposés par l'étonnement et par la peur. « En général, on sent, à mon avis, devant ce tableau, que « M. Vernet manque de la fermeté, du grandiose nécessaires « dans les sujets historiques. Quand on n'est pas sûr de l'énergie « et de la richesse de ses moyens, on en cherche au delà des « limites de l'art, et tandis que M. Gros, par trop de verve, « exagère quelquefois des expressions vraies, M. Vernet s'est « efforcé ici de suppléer, par de l'exagération, à la verve qui « lui manque. Ce qui tend à le prouver, c'est que, parmi les

[1] Guizot, *De l'état des beaux-arts en France et du Salon de 1810.*

« autres têtes où il n'a eu besoin de rendre une expression si « forte, plusieurs sont fort belles et pleines de vérité. »

Carle Vernet était un conteur amusant. Il n'était pas d'aventure, vingt fois répétée, qu'il ne sût arranger encore, réchauffer, allonger, semer de traits et rendre intéressante par la vivacité et le pittoresque de sa pantomime ; car il parlait alors des bras et des jambes, se grimait comme les méridionaux, sautait à pieds joints sur les petites convenances, et se faisait tout pardonner à force d'esprit. Jamais la repartie ne lui manqua, et les accidents imprévus, le péril même, ne purent le prendre en défaut. Un jour, ayant été arrêté par des voleurs, il leur remit une petite bourse d'or qu'il portait en réserve, et leur dit : « C'est drôle, qu'en un tel métier, vous ayez toujours *saint* Louis pour vous. » C'est de Carle qu'est ce mot charmant et si connu sur *la Bourse ou la vie :* « La Bourse est au bout de la rue à droite, et l'avis que je vous donne est de changer au plus tôt de profession [1]. »

Que de gens ont vécu de ses jeux de mots, sans scrupule et sans qu'il criât au voleur ! Du reste, les calembours de Vernet étaient souvent de bons mots, des mots élevés qui exprimaient une louange fine ou une noble pensée. Qu'on nous permette d'en citer un ou deux. Après la première représentation de *Maison à vendre*, il se trouvait avec Alexandre Duval dans la loge de Chenard, et tous de féliciter l'auteur ; Vernet seul ne disait

[1] M. le général de Brack m'a raconté que, se trouvant un jour d'hiver avec Isabey et Carle Vernet sur la place du canal Saint-Martin, Carle dit à Isabey : « Est-ce que tu as froid, toi ? — Moi, je gèle, dit Isabey. — Monsieur, dit alors Carle Vernet en s'adressant à un badaud qui essayait à patiner, voulez-vous avoir la bonté de fermer la porte Saint-Denis ? »

rien : « Est-ce que vous n'êtes pas content ? lui dit Chenard. — Non, répondit Carle. M. Duval a trompé le public : il avait annoncé une *maison à vendre*, et je ne trouve qu'une *pièce à louer*. » Le jour où l'on apprit à Paris la mort du maréchal Lannes, qui avait eu la cuisse emportée, Désaugiers rencontre Carle Vernet et lui dit : « Allons, un calembour sur Lannes, et je donne l'exemple. S'il n'était pas mort de sa blessure, il n'aurait plus porté qu'un *bas*. — Monsieur, reprit Carle, j'ai souvent joué sur les mots de la langue française, jamais sur les maux de la France. »

Le Matin de la Bataille d'Austerlitz, où sont représentés, de grandeur plus que naturelle, Napoléon, Bernadotte, Bessières, Murat, valut à Vernet la croix d'honneur. Napoléon la lui donna de sa main, dans la galerie du Louvre, le même jour qu'il décora Prudhon, Gros et Girodet. Joséphine, s'approchant du peintre à son tour, lui dit avec sa grâce de créole : « Il est des hommes qui traînent un grand nom ; vous, monsieur Vernet, vous portez le vôtre. » C'est pour l'Empereur que furent commandées à Carle l'*Entrée à Milan*, les batailles de *Wagram* et de *Tolosa*, où il trouvait autant d'occasions de mettre à cheval les héros qu'il faisait combattre ou marcher en triomphe. Que dis-je ? ces mêmes cavaliers qu'il peignait au plus fort de l'action militaire, sabrant ici des Prussiens, là des Espagnols, il les avait autrefois représentés caracolant sous l'œil du jeune Bonaparte, dans la cour des Tuileries. Qui ne connaît la belle *Revue* dessinée par Carle et par Isabey, son ami, son camarade d'atelier, de plaisirs et d'équitation ? Où trouver une composition qui ait plus de caractère que cette parade ? Nulle part, je

LES VOYAGEURS ANGLAIS

crois, le Premier Consul n'est plus intéressant à voir. Il est encore chétif, pâle et maigre, vêtu d'un uniforme collant et simple, légèrement penché sur le pommeau de la selle. D'un regard assuré il parcourt la brillante escorte qui l'environne et cet immense Carrousel peuplé d'une jeunesse éblouie et de guerriers de toutes les armes. Son grand cheval arabe, aux crins nattés, est immobile et roide, prêt à partir au moindre signal de l'éperon. Autour de lui bondissent des généraux resplendissants d'or, de panaches et d'aigrettes, le visage inondé par les boucles de leur chevelure, et montés sur des chevaux écumants qu'enivrent les fanfares.

Il n'était pas jusqu'à des *hallalis* de cerf où Napoléon n'eût figuré dans les tableaux de Carle Vernet. L'empire avait donc fourni à ce peintre tous les moyens de briller, et depuis qu'on l'avait nommé de l'Institut, lui ancien membre de l'Académie de peinture supprimée par la Convention, il semble qu'il aurait pu laisser courir ses crayons au gré de sa fantaisie. Mais Carle Vernet, comme beaucoup trop d'artistes, manquait de ce genre de dignité que donnent les convictions. Pour un vieux fonds de royalisme qui lui restait peut-être de 89, il mit de l'empressement à servir de son pinceau les Bourbons restaurés, et comme on attachait du prix à ce que les portraits du roi et des princes du sang fussent exposés au Salon de 1814, Carle peignit le duc de Berri à cheval dans le magnifique uniforme de colonel des chevau-légers.

C'était un moyen non encore usé dans ce temps-là que le portrait politique. Vis-à-vis du public parisien, si prompt à courir aux apparences et toujours facile à séduire par les yeux, il n'était pas indifférent, pour des princes depuis longtemps oubliés, de se montrer en effigie dans ce Louvre où se rendait l'élite de la France et de saluer le spectateur avec la grâce que le peintre saurait leur prêter. En effet, on admira beaucoup, et l'opinion du moment y fut sans doute pour quelque chose, le portrait du duc de Berri représenté sur un cheval blanc faisant une courbette. Ce cheval, dessiné avec une rare perfection, est peint avec légèreté. Le prince salue de son épée en se retournant. On aperçoit dans le fond un coteau sur lequel manœuvrent des pelotons, et, au second plan, quelques officiers d'ordonnance. Un ciel chargé de nuages fait avancer la figure principale; mais l'harmonie du fond est troublée par le ton du coteau, dont la verdure a trop de crudité. Le pantalon vert de l'uniforme se confond aussi maladroitement avec la schabraque de même couleur.

Carle Vernet, du reste, sentait si bien ses véritables aptitudes, qu'à plusieurs reprises il abandonna la peinture pour se livrer exclusivement au travail du crayon. Il fut un des premiers à mettre en usage les procédés de la lithographie, qui semblait inventée tout exprès pour un talent aussi vif que le sien. Sur la pierre, il n'était pas une de ses qualités qu'il ne pût faire valoir, pas un de ses défauts qui ne se trouvât dissimulé. La physionomie des objets, le mouvement ou la contenance des figures, tout ce qu'au temps du Directoire on avait remarqué dans ses caricatures des *Incroyables*, reparaissait dans ses innombrables dessins, dont la série recommence à cette époque de 1814, où il peignit les portraits courtisanesques des princes du sang. L'invasion dut laisser des traces dans les lithographies de Carle Vernet; aussi put-on y retrouver tous les ignobles types des hordes de la Sainte-Alliance : le Cosaque dur et laid, l'Anglais déhanché et les stupides Kalmuks, ces Hottentots du Nord, faisant la cour à nos filles, *qui pour eux sont trop gentilles*, dit la chanson.

Depuis qu'il tient un crayon à la main, tout ce qu'il voit dans la rue, Carle le dessine en rentrant à l'atelier. Et que d'esprit dans ces hâtives compositions! Ici, c'est la marquise de Pretintaille surprise par une averse, et qui, cette fois, livre aux tempêtes sa jambe compromise, pendant que l'Auvergnat l'invite à passer le ruisseau sur une planche et à ne pas oublier l'ingénieur en chef de ce pont improvisé; là, c'est l'aveugle qui embouche sa clarinette devant la portière des diligences attardées, ou bien le Savoyard qui fait danser sa guenon dans le costume d'un duc et pair. Non, rien n'est plus vrai, plus *nature* que ce coucou des barrières, où sont entassés, secoués, cahotés, pressurés et déformés une douzaine de Parisiens allant faire le dimanche et manger le melon sur l'herbe. Si Vernet s'amuse à regarder le charlatan forain pour lui voir tenir un verre en équilibre au bout de son nez, c'est afin de le croquer sur une pierre où mille autres le verront après lui; ce n'est pas non plus en badaud qu'il observe le saltimbanque avalant des épées et des couleuvres, et le petit avorton en robe pailletée, qui plie en deux ses vertèbres pour un sou.

Bien avant Charlet, Carle a vu le fantassin se déclarer à la bonne d'enfant, la vendeuse de poisson agacer les charbonniers du port, et le vieux rempailleur de chaises, aussi cassé que son irréparable mobilier, l'emporter avec une démarche si grotesque, que les chiens eux-mêmes se croient permis d'aboyer à l'étrangeté de sa tournure. Avant Gavarni, avant Daumier, il avait surpris les héros de théâtre en déshabillé dans la coulisse ; le lion du Cirque, par exemple, ouvrant sa gueule pour demander une prise de tabac d'Espagne. Enfin, sans attendre Decamps, il avait affublé les animaux, les chiens surtout et les singes, de mille accoutrements spirituels, pour fustiger légèrement sur leur dos les ridicules humains.

Le temps de la restauration, Carle Vernet en passa la plus grande partie à lithographier largement et facilement, comme Callot gravait. Il se plut à représenter une à une toutes les péripéties de la vie du soldat, mais toujours du soldat à cheval, depuis le boute-selle jusqu'à l'ambulance. On trouve, dans son œuvre, des engagements d'avant-postes, des mameluks échangeant des coups de pistolet, ou bien des rencontres de Cosaques avec nos cavaliers. Il aime surtout les hussards à pelisse, et son crayon les lance dans de brillantes charges, où le cheval est aussi fin, aussi animé que son maître. On ne saurait dire combien sont justes et rendus avec esprit tous ces mouvements de l'homme à cheval, soit qu'il pose pour commander, soit qu'il s'avance pour frapper un coup de sabre ou se baisse pour le parer, soit enfin que, traînant par la bride sa monture qu'il oublie, il fume sa pipe en songeant à son pays et à sa belle. Jamais on n'a mieux étudié tous les détails de l'enharnachement des chevaux, ni mieux adapté à leurs corps la selle, le porte-manteau, la schabraque et le mobile étrier.

Quoi qu'il en soit, la restauration fut pour Carle une heureuse époque. Carle fut nommé chevalier de l'ordre de Saint-Michel ;

LE MAMELUK AU COMBAT

il vit son fils Horace devenir membre de l'Institut, et siéger à côté de lui, comme il avait lui-même siégé à l'Académie, à côté de son père Joseph. La ville natale de ce grand peintre de *marines*, la ville d'Avignon, invita la famille Vernet à l'inauguration de son musée, et leur fit à tous une véritable fête.

En 1827, Horace Vernet ayant été nommé directeur de l'Académie de Rome, Carle voulut y suivre son fils, car il l'aimait d'une affection sans égale et ne pouvait se séparer de lui. A la promenade, il était dans des transes mortelles quand il le voyait galoper ventre à terre avec ce fou de Géricault. Il le visitait ou lui écrivait deux fois par jour, le poursuivant d'un amour inquiet et jaloux, auquel Horace répondit constamment par le dévouement, la complaisance et le respect.

On connaissait à Carle Vernet une foule de petites manies dont il sentait la singularité, et qu'il avouait ingénument dès qu'on s'en était aperçu. Par exemple, lorsqu'il passait, à Rome, devant ces madones qu'on y rencontre à tous les coins de rue, s'il était au bras de quelqu'un, il inventait toujours quelque motif pour ôter son chapeau, sans avoir l'air de saluer la madone, mêlant ainsi beaucoup de respect humain à sa ferveur. Pour monter à l'Académie, où conduisent deux grands escaliers, il ne prenait jamais celui de gauche, et il se fût troublé s'il n'eût pas atteint la dernière marche avec le pied droit. Il avait peur du sel, du nombre treize ; il donnait avec une étonnante bonne foi dans toutes les vulgaires superstitions. Quand venait le soir, il faisait en sorte de se trouver seul sur le *Monte Pincio*, où est située l'Académie, et de là il se plaisait à contempler le dôme de Michel-Ange, non de cette contemplation muette et profonde qui est celle du génie, mais uniquement pour saluer la croix de Saint-Pierre lorsqu'il apercevrait encore sa silhouette noire projetée sur les dernières lueurs du ciel.

De retour à Paris, Carle Vernet y vieillit sans infirmité, et conserva jusqu'à soixante-dix-neuf ans une tournure leste et dégagée. Peu de jours avant sa mort, il chevauchait au bois de Boulogne, de manière à fatiguer quatre ou cinq jeunes gens qui l'avaient suivi. Le 19 novembre 1836, il passa pour la dernière fois la soirée au Palais-Royal, dans ce café de Foy dont il était le plus ancien et le plus fidèle habitué. Il y fit des calembours comme à son ordinaire. Il avait reçu la pluie tout le jour, et, comme il n'avait pas voulu changer d'habits, il fut atteint d'une fluxion de poitrine qui huit jours après l'emporta.

Carle Vernet, assurément, n'est pas un grand peintre; mais c'est un peintre original et spirituel. Dépourvu de couleur, il eut de la précision, de la finesse dans le dessin ; il fut admirable par la fécondité de sa verve, par le mouvement et la pantomime de ses figures, et par cette promptitude à saisir les travers apparents de l'homme, qualité qui a fait de lui un des créateurs de la caricature moderne. Carle a merveilleusement reflété le monde au milieu duquel il a vécu, le monde des heureux et des riches, de ceux qui aiment leurs maîtresses un peu moins que leurs chevaux, et qui, fatigués de commander aux autres, se font esclaves de leurs chiens. Le *gentleman rider* est le véritable héros de Carle Vernet. Les courses, les chasses, les paris, tous les événements de l'équitation, tous les épisodes de cette vie périlleuse que passent les écuyers à ne pas se rompre le cou, tels sont les sujets favoris de Carle ; il s'est fait dans ce genre une place à part.

N'oublions pas non plus un de ses personnages secondaires, celui qu'il dessine avec tant de complaisance, le *groom*, cet être mystérieux qui a sa part dans toutes les intrigues, qui sait quelque chose dans tous les secrets. Impassible témoin des drames de la vie galante, ce modèle aimé du peintre n'inspire de la défiance à personne, comme s'il était d'une autre race que la nôtre. Pendant que son maître veut bien tenir le fouet et les guides, il se laisse mollement conduire en tilbury, livré en apparence aux pensées les plus graves, et prenant au sérieux sa cocarde noire et ses bottes à revers. Carle Vernet donne à son *groom* un nez épaté et des pommettes saillantes, soit qu'il le considère comme un produit de l'invasion, soit qu'il le regarde comme le descendant d'un de ces nains fameux que peignit Antoine More.

Carle mourut en homme qui avait su vivre, sans gémir, sans se plaindre, ne cessant de causer avec grâce et de trouver des mots heureux. Il s'éteignit si doucement qu'on ne s'en aperçut point. Deux heures avant de rendre ce dernier souffle qui fut aussi léger que son esprit, il disait de lui-même un mot qui le juge beaucoup mieux que toutes nos critiques. Plein d'admiration pour son fils Horace et pour son père Joseph, et se croyant bien inférieur entre ces deux figures également aimées : « *C'est singulier*, dit-il, *comme je ressemble au grand Dauphin, fils de roi, père de roi... et jamais roi.* » Il s'endormit et ne parla plus.

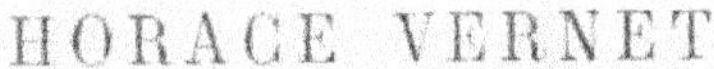

HORACE VERNET

HORACE VERNET

HORACE VERNET

NÉ EN 1789. — MORT EN 1863

M. Auguste Couder, membre de l'Institut, qui fut élève de David, nous a raconté combien il fut ému la première fois qu'il entra dans l'atelier de ce maître imposant et redoutable. Pour y être admis au sortir de chez Regnault, il lui avait fallu présenter un placet, négocier, prier, parce qu'il répugnait à Louis David de prendre dans son école les élèves de ses confrères. Enfin le jeune Couder avait dû employer la recommandation pressante, décisive de Mlle Sedaine, que David aimait comme une sœur, et qu'il n'avait jamais revue depuis les terribles journées de la Révolution. L'atelier de David était nombreux, bruyant, retentissant de bons mots, de paradoxes, de théories nouvelles et de toutes les folles exclamations de la jeunesse. Mais aussitôt qu'on annonçait l'arrivée du maître, il se faisait dans l'école un subit et profond silence. Chacun avait repris sa place et retenait son haleine. Qu'on juge de l'émotion qui dut s'emparer d'un tout jeune homme, d'un nouveau venu, lorsque David ayant fait le tour de la classe, vint le corriger à son tour ! « Ta figure n'est pas mal, dit le professeur, après l'avoir attentivement regardée ; mais, vois-tu, mon ami, tu viens de chez Regnault, on s'en aperçoit, et tu *fais français*. » ..Que voulaient dire ces paroles étranges? L'élève, interdit, n'en comprenait pas le sens. Comment, se disait-il, étant Français et travaillant en France, pourrais-je ne pas faire français, et quel est donc l'enseignement caché dans un tel reproche? Auguste Couder fut quelque temps à démêler la signification de ce mot, le premier que son maître lui avait dit; mais en y réfléchissant, il finit par saisir la pensée de David. Ce qu'entendait le grand peintre, c'était que l'artiste devait s'élever du particulier au général, du relatif à l'absolu; que dans le modèle qui posait devant lui, il devait voir non pas seulement la physionomie de tel ou tel individu, mais les grands traits de l'espèce humaine; non pas seulement un Français du XVIIIe siècle, mais un homme, l'homme de tous les temps et de tous les pays. Et comme les Grecs et certains grands maîtres italiens avaient su généraliser la figure humaine, lui imprimer un caractère impersonnel, et trouver le style par l'effacement du détail, il voulait qu'on peignît l'éternelle humanité, celle qu'avaient représentée les Grecs; voilà ce que signifiait cette recommandation de ne pas « faire français ».

Dans ce temps-là, il existait deux écoles en rivalité avec celle de David, rivalité faible, il est vrai; c'étaient les ateliers de Regnault et de Vincent. Ce dernier avait mis de l'intelligence et du talent à peindre les héros de notre histoire, notamment le *Président Molé résistant aux factieux*. Il avait su jeter de l'intérêt sur ses personnages en conservant leur physionomie traditionnelle et leur costume. Après quelques excursions dans le domaine de l'antique, il s'était rabattu sur les sujets modernes et y avait particulièrement réussi en suivant une tout autre voie que son rival, c'est-à-dire en particularisant ce que David s'efforçait de généraliser, ou, si l'on veut, en s'attachant à la couleur locale, aux accessoires, au côté relatif des choses, et, comme disait David, au côté français. Vincent compta parmi ses élèves quelques hommes distingués dont la réputation pourtant a vieilli : Ausiaux, Thévenin, Meynier; d'autres, comme

RAZZIA DE VOLAILLE

M. Picot, qui n'ont pas disparu de la scène. Un seul a fait grand bruit dans le monde : Horace Vernet.

Fils de Carle Vernet, petit-fils de Joseph, qui, lui-même, appartenait à une famille de peintres, Horace était né artiste, ou, pour dire mieux, il était artiste-né. Il vint au monde le 30 juin 1789, au Louvre, dans le logement que son aïeul occupait sous la grande galerie, au n° 15 (le même qu'avait habité autrefois le fameux ébéniste Boule). Joseph Vernet n'étant mort que le 3 décembre de la même année, Horace disait souvent et pouvait dire en quelque manière qu'il avait connu l'auteur des *Ports de France*. Nous avons raconté dans la biographie de Carle Vernet comment lui et sa famille avaient été délogés, au 10 août 1792, par les coups de fusil que se tiraient le peuple et les Suisses. Horace, âgé alors de trois ans et porté dans les bras de son père à travers une grêle de balles, avait reçu le baptême du feu. Il semblait, du reste, prédestiné à peindre, lui aussi, des batailles, car dès l'enfance, dit M. de Loménie, il était toujours en quête de petits morceaux de papiers pour y gribouiller des petits soldats. Carle avait chez lui naturellement tous les accessoires de ses tableaux : pistolets, carabines, fusils, modèles de canons, et des sabres et des gibernes; mais il avait sévèrement défendu à son fils de jouer avec des armes, et celui-ci obéissait, malgré son humeur belliqueuse. Un jour, cependant, les fils de Dumont, le miniaturiste, qui habitait les galeries du Louvre, apportent un paquet de poudre à Horace, et voilà nos artilleurs qui se mettent en devoir d'arracher un gond de porte, de le perforer, de le bourrer de poudre. Horace monte la pièce sur un affût, prend l'étoupe allumée et fait partir le canon, qui éclate, cela va sans dire, en ne lui emportant heureusement qu'une mèche de cheveux. C'est ainsi que le petit Vernet, véritable enfant de la balle, préludait à son rôle et trahissait déjà ses instincts et son imagination de troupier.

Élevé au collège des Quatre-Nations, il en sortit avec une très faible teinture de grec et de latin, n'ayant jamais, en dehors de la peinture, rien appris pour tout de bon, rien médité, rien approfondi. Sa grande occupation, du reste, même au collège, était le dessin, et certainement le goût lui en serait venu, au sein d'une famille comme la sienne, s'il ne l'avait apporté en naissant. Son grand-père maternel, Moreau jeune, le célèbre et

PONIATOWSKI

charmant dessinateur des Menus-Plaisirs, son oncle Chalgrin, l'architecte, son père Carle, et leur ami Vincent, le peintre, ce furent là ses professeurs naturels de chaque jour, et tout ce qui peut s'apprendre, il l'apprit d'eux sans effort, sans la moindre fatigue et par manière de jeu. « A l'âge de onze ans, dit un de ses biographes, il fit pour Mme de Périgord un dessin de tulipe qu'elle lui paya vingt-quatre sous, et à l'âge de treize ans il avait des commandes en assez grande quantité pour se suffire à lui-même. Une de ses premières œuvres fut la vignette qui, suivant le goût de ce temps, ornait les lettres d'invitation pour les parties de chasse impériales, et tel était le mérite de cette vignette, qu'un graveur très renommé, Duplessis-Bertaux, n'hésita pas à la déclarer digne de son propre burin. Les commandes se succédaient rapidement chez le jeune Vernet : dessins à six francs, tableaux à vingt francs. Il travaillait pour le *Journal des Modes*, dont il devint le dessinateur en titre, et c'est peut-être de ses travaux en ce genre que lui vint le talent de caricature dont il amusa ses amis, souvent à leurs propres dépens[1]. »

Toutefois, les circonstances au milieu desquelles il avait grandi décidèrent de sa vocation pour les sujets militaires. « Il vivait, dit M. Olivier Merson[2], à une époque où l'on ne parlait que de combats, où les récits des rudes travaux de nos armées servaient de texte inépuisable aux conversations de chaque jour. A tout instant des officiers, de retour des frontières, venaient chez Carle ; là, dans le cours des séances, interrogés

[1] *Art Journal*, de Londres.

[2] *Revue contemporaine* du 15 février 1863. L'article consacré par M. Olivier Merson à Horace Vernet a été écrit sur des renseignements fournis par la famille.

sans relâche, pressés de répondre sur tous les points, ils faisaient pénétrer les auditeurs dans le cœur des batailles auxquelles ils avaient assisté, énuméraient leurs exploits, ceux de leurs compagnons de dangers et de gloire, et Horace de croquer sans retard les épisodes guerriers dont il entendait raconter les détails par des témoins oculaires, quelquefois par les héros eux-mêmes. » Ce fut, en effet, par un tableau militaire qu'il débuta, la *Prise d'un Camp retranché*. Ce morceau fut exposé au Salon de 1810, où on le remarqua d'abord parce qu'il était signé d'un nom fort connu, ensuite parce qu'il y avait un talent d'observation pratique, un mouvement, un certain accent de vérité qui n'étaient plus ordinaires dans notre école, où, même pour les sujets modernes, on calquait des figures et des groupes antiques, sauf à cacher sous l'habit de cour et sous l'uniforme le torse du Belvédère ou bien la rotule du Méléagre, le noble geste de l'Apollon Pythien ou la posture de Cincinnatus. Au surplus, les rivaux de David avaient subi l'influence de sa doctrine et son irrésistible ascendant. Horace Vernet avait donc commencé, chez Vincent, à dessiner comme les autres d'après l'antique et d'après nature; mais la nature et l'antique le troublaient singulièrement, le déconcertaient. J'ai ouï dire à des peintres qui avaient été ses camarades, que Vernet, en présence du modèle, ne venait à bout de rien. Il voyait mal l'ensemble, il dessinait à côté, il n'était pas, comme l'on dit, dans le caractère, et, chose étrange, lui Vernet, il s'en apercevait tout le premier, et, presque toujours, après avoir ébauché sa figure d'après le nu, il allait l'achever de mémoire dans une autre chambre ou dans le corridor de l'atelier, n'ayant jamais la conscience de bien voir la nature que lorsqu'il ne la voyait plus. La mémoire, ce fut la grande, la prodigieuse faculté d'Horace Vernet ; ce fut le secret de ce talent facile, abondant, incisif, qui, à force de vraisemblance et d'approximation, devait séduire si fortement le gros de la société française, d'une société qui, en fait d'art, se contente volontiers de l'à peu près, se paye du semblant des choses, aime l'éloquence terre à terre, et qui, toujours pressée de jouir, prodigue ses sympathies à ceux qui se font comprendre vite en disant avec vivacité ce qui est dans l'esprit de tout le monde.

Beaucoup de gens ont cru qu'Horace Vernet avait été militaire, et on pouvait le croire, en effet, à voir les allures si naturelles de ses fantassins et de ses cavaliers. La vérité est que, s'étant marié en 1810, au moment où il allait tirer à la conscription, il fut exempté du service par le fait même de son mariage avec Mlle Louise Pujol. Mais, sans avoir endossé d'autre uniforme que celui de la garde nationale, il aimait à se donner la tournure d'un officier de l'armée ; il en avait le langage bref, les habitudes, les manières, et tandis que toute sa famille restait royaliste, il était, lui, complètement gagné à l'Empire. Le premier tableau qui le fit connaître dans le monde officiel fut le portrait de Jérôme Bonaparte, roi de Westphalie, portrait qu'on lui paya huit mille francs, et qui, au Salon de 1812, valut à l'artiste une première médaille. C'était le commencement de sa fortune : jusque-là il n'avait eu encore que de petits succès d'honneur et d'argent. A l'exemple de son père, il avait fait du cheval une étude particulière et favorite ; il en savait par cœur l'anatomie et les proportions, et les feuilletonistes ne manquaient pas de dire, dans le style du temps, qu'il dessinait à merveille *le plus noble des animaux*. Carle Vernet avait inauguré en France la satire des modes françaises et anglaises, sous le Directoire, et il s'y était pris en artiste, sans aller jusqu'aux hyperboles de la caricature, sans pousser le comique jusqu'à la parodie. Avec un esprit moins fin, moins fûté, Horace commença dans le *Journal des Modes* une charmante suite des Incroyables et des Merveilleuses, renouvelée de son père. Aujourd'hui que nos publications en ce genre sont absolument étrangères au sentiment de l'art et ne représentent que des bâtons vêtus, on s'étonne que des gravures de modes puissent trouver place dans la biographie d'un peintre célèbre. Il est pourtant vrai que les dessins d'Horace Vernet, d'après les Incroyables et les Merveilleuses de l'Empire, sont des œuvres d'art. Chez lui le costume habille, non pas un mannequin, mais un être vivant, dont la désinvolture est toujours conforme à son habit. L'esprit du temps anime toutes ses figures et en justifie l'accoutrement. Chaque tête est choisie pour la coiffure qu'elle porte, et le personnage se meut et se grime selon le caractère du vêtement dont il préconise la grâce vraie ou fausse. Celui-là prend un air capable avec sa chevelure à la François Ier, son chapeau en barque et son charivari de breloques; celui-ci affecte une mine galante et quelque peu champêtre avec son habit vert-saule et sa cravate à oreilles de lièvre. Cela paraît au premier abord un paradoxe pour rire : il est certain néanmoins que les physionomies d'une société changent tous les quinze ou vingt ans, j'entends la physionomie physique. On dirait que la nature a ses caprices à l'instar des autres femmes, qu'elle est fantasque, variable comme

L'ATELIER D'HORACE VERNET

la mode, car elle se plait à créer, dans telle génération, des têtes busquées et au front fuyant, comme au temps de Louis XVI; dans telle autre, des nez aquilins, des lèvres épaisses. Ne voyons-nous pas des populations entières avoir tantôt le crâne évasé, tantôt les pommettes saillantes, tantôt de fortes mâchoires? De fait, lorsqu'on a sous les yeux les *Modes* d'Horace Vernet — et rien n'est plus amusant — on reconnaît que toutes ses figures sont contemporaines de Napoléon et de Pauline Borghèse, à tel point que si l'on cachait le costume, les seuls traits du visage trahiraient encore l'époque de l'Empire. Il faut être doué d'un certain air de tête et appartenir à une certaine race pour se dessiner la taille sous le sein, pour mettre un chapeau en biais ou une toque de velours caparaçonnée de plumes prodigieuses, soit avec un domino garni de broderies à roues, soit avec une robe à deux étages de remplis. Et j'imagine que pour offrir ses hommages à des ingénues ainsi ajustées, il convient d'avoir des cheveux à l'enfant, un gilet de piqué matelassé, un pantalon de tricot, des bottes à la hussarde et un habit couleur crotin... Hélas! nous serons un jour tout aussi ridicules quand on nous regardera dans les lithographies de Deveria et de Gavarni; que dis-je? nous le sommes déjà!

Quand vinrent les événements de 1814, Horace Vernet était intimement lié avec Géricault. Ils avaient à peu près les mêmes goûts. Ils étaient l'un et l'autre écuyers habiles, peintres de chevaux et bonapartistes déclarés. Nous avons raconté dans la vie de Carle Vernet qu'il avait exposé au Salon de 1814 un brillant portrait du duc de Berri dans son uniforme de colonel général des chevau-légers. Ce portrait, qui avait presque une importance politique, ayant pour but de populariser l'effigie et la bonne grâce d'un Bourbon, ce portrait, dis-je, était comme une protestation de Carle contre le bonapartisme de son fils, protestation parfaitement sincère, d'ailleurs, de la part d'un homme qui conservait les sentiments des anciens émigrés sans avoir partagé leurs aventures. Horace Vernet se trouva donc placé entre son père, auquel il porta toujours une affection respectueuse, complaisante, inaltérable, et ses amitiés de jeunesse, qui le retenaient dans le camp de l'opposition. Décoré par l'Empereur en 1814, pour avoir pris part bravement à la défense de Paris, Horace fut un des premiers à confondre, par une assez étrange méprise, le libéralisme naissant avec le bonapartisme vaincu. Les frondeurs du nouveau régime étaient les sabreurs de l'Empire et faisaient alliance maintenant avec cette bourgeoisie qu'ils avaient si longtemps contenue et méprisée, et qui à son tour les vantait après les avoir subis ! Horace donna, comme les autres, dans ce malentendu, volontaire ou non, et son atelier devint le rendez-vous des colonels en retraite, de tous ceux qui avaient un nom parmi les mécontents en frac ou en uniforme. On y voyait venir les colonels Bro et de Brack, le rude général Boyer, le général Lariboisière ; quelques députés marquants, tels que Dupin, Chauvelin, Sébastiani, et enfin des étrangers notables, tels que le général espagnol Quiroga.

Ainsi mêlé aux premières luttes des libéraux contre la Restauration, Horace Vernet servait incessamment leur cause, et justement un procédé nouveau venait d'être inventé qui était comme une arme d'escarmouche, la lithographie. Les Vernet, Géricault, Charlet furent des premiers à en faire usage. Dès 1818,

Horace crayonnait sur les pierres de Lasteyrie et d'Engelmann des scènes militaires qui étaient une manière de satire politique, par cela seul qu'elles jetaient de l'intérêt sur les soldats persécutés de l'Empire, sur ceux qu'on avait appelés un instant les *Brigands de la Loire*. Mais là où Charlet et Géricault mettaient un accent passionné, une émotion dramatique, un sentiment fier, libre, quelquefois amer, Horace n'apportait qu'une pointe d'esprit, une intention libre et passagère, un trait comique sans causticité, sans aigreur et même sans malice. Les anecdotes du bivouac, les jeux et les bonnes farces du camp, la drogue, la maraude, voilà ce qu'il exploitait de préférence dans ses lithographies. Son crayon léger effleurait la pierre, mais avec une sûreté qui étonnait Géricault. Il excellait à poser un soldat sur ses pieds, et du premier coup il lui imprimait le mouvement voulu, il le caractérisait par un geste qui allait droit au but, je veux dire à l'expression probable. *Mon caporal, je n'ai pu avoir que ça*, dit un Jean-Jean qu'on a envoyé en maraude, et il montre un serin dans une cage ! Un autre, mieux avisé, un hussard de la vieille, a volé un cochon à un paysan, qui vient le réclamer à l'officier. Le rusé maraudeur a coiffé l'animal d'un bonnet de police et il l'a étendu garrotté sous les plis de sa houppelande : *Mon lieutenant, c'est un conscrit*, dit-il, et il fait le salut militaire ; mais l'officier, peu crédule, semble dire qu'il a rarement vu des conscrits dormir les pattes attachées et porter un pareil museau. Plus loin, ce sont encore des hussards qui ont pénétré dans une basse-cour et qui appellent des poulets retirés dans leur poulailler, en leur jetant du grain devant le trou de la porte. Tandis que l'un d'eux attire les innocents volatiles en leur criant de sa voix la plus douce : *Petits! petits! petits!* l'autre tient un sabre levé pour leur couper le cou au fur et à mesure de leurs imprudences. Tout cela est exprimé spirituellement, à peu de frais, sans repentir aucun, sans retouches, et le spectateur croit avoir vu de ses yeux ces petites scènes, tant elles lui sont vivement présentées par le côté vraisemblable, qui est souvent plus vrai que la vérité même.

Une chose à remarquer chez Vernet, c'est qu'il eut toujours une passion malheureuse pour les poètes, lui qui était rivé à la prose. Il cherchait volontiers les sujets de ses compositions dans des livres dont il ne lui était guère donné de sentir la poésie vague et romantique, le Tasse, Walter Scott, sans parler de La Fontaine et de la Bible. Quand on a lu *Manfred*, par exemple, ou la *Fiancée d'Abydos*, ou le *Naufrage de don Juan*, et qu'on vient à jeter les yeux sur les lithographies d'Horace Vernet, on éprouve la sensation désobligeante d'un rêve interrompu ; on se heurte à une réalité qui désenchante, on se sent emprisonné dans les contours précis d'une traduction terre à terre, après s'être lancé sur l'aile du poète dans les régions sans fin de l'idéal. Passe encore pour La Fontaine : celui-là est si ondoyant et si divers, qu'il y a cent manières de l'interpréter. On peut le prendre par ce côté de la vie réelle qu'il a touché d'une main si fine et si sûre. Aussi Horace Vernet, dans son illustration des *Fables*, a-t-il particulièrement réussi pour toutes celles qui ne demandaient ni le sentiment de la nature rustique, ni une échappée de vue sur le paysage, ni la tendresse d'un cœur ému d'amour, ni cet élan de lyrisme auquel s'est élevé le poète en faisant parler le Chêne et le Roseau. Les meilleures compositions

L'ENFANT ADOPTÉ

d'Horace, d'après La Fontaine, sont *la Vieille et les deux Servantes*, *les Femmes et le Secret*, *l'Enfant et le Pédant*, et en général les apologues qui ne voulaient qu'une pantomime juste, une observation intelligente des choses vulgaires, de la bonhomie. Ce qu'il y a d'intime et de profondément humain dans le fabuliste, Vernet ne pouvait le pénétrer, et, à plus forte raison, le traduire. Quant à lord Byron, l'artiste n'était pas fait pour atteindre à une telle poésie ; elle était trop au-dessus de ses visées. Une seule fois il a été heureusement inspiré par Byron : c'est lorsqu'il a représenté Mazeppa, cruellement attaché à son cheval, qui est tombé expirant à l'entrée d'une forêt. En entendant les douloureux hennissements de leur compagnon, « les chevaux du désert s'approchent, tressaillent, respirent l'air avec inquiétude, galopent çà et là, s'approchent encore, tournent en tous sens, puis bondissent, jettent l'écume par leurs naseaux, et s'éloignent en fuyant vers la forêt, effrayés par instinct à la vue d'un homme. » Ici, par exception, la peinture est presque aussi éloquente que le récit du poète, et ce qu'il n'a jamais su exprimer dans les figures humaines, la passion, Vernet l'a exprimé cette fois et avec énergie dans une horde épouvantée d'animaux sauvages.

Cependant le Salon de 1822 s'ouvrit au mois d'avril, et les libéraux furent indignés de n'y voir aucun tableau d'Horace Vernet, quand ils surent qu'il avait envoyé plusieurs morceaux importants, entre autres la *Bataille de Jemmapes* et la *Barrière de Clichy*, et que le jury les avait refusés, non pas à cause de leur faiblesse, mais sans aucun doute pour épargner aux royalistes un spectacle qui réveillait les plus tristes souvenirs de leur histoire. Vernet expulsé du Salon pour avoir fait acte de patriotisme ! Ce fut un événement, un scandale, une affaire de parti; la politique s'en mêla et bientôt l'opposition tout entière s'engagea dans la querelle. Horace ayant annoncé qu'il exposerait publiquement chez lui les toiles refusées, tout Paris courut les voir, ou du moins tout le Paris des mécontents. Quarante-cinq peintures figuraient dans cette exposition improvisée et bien vite populaire. On y voyait les portraits de MM. Chauvelin, Dupin aîné, Madier de Montjau, père et fils, Gabriel Delessert, et ceux du général Drouot et du duc de Chartres, encore enfant, représenté jouant au cerceau avec ses camarades de collège. Puis venaient la *Bataille de Jemmapes*, la *Mort de Poniatowski*, le *Soldat de Waterloo*, le *Soldat Laboureur* et le tableau qui avait surtout motivé la proscription de Vernet, la *Barrière de Clichy*, enfin l'*Atelier d'Horace*, un de ses meilleurs ouvrages. Ce qui, peut-être, n'aurait excité au Louvre qu'une émotion partielle et passagère, soulevait ici des exclamations d'enthousiasme. On reconnut au peintre toutes les qualités qu'on lui désirait pour la plus grande gloire des opinions, si injustement, si maladroitement froissées. Deux membres de l'Académie française, MM. Jouy et Jay, improvisèrent une brochure qui était la description chaleureuse des quarante-cinq peintures d'Horace, et ils ne manquèrent pas de mettre en pleine lumière les souvenirs glorieux qu'on avait voulu jeter dans l'ombre. A vrai dire même, l'analyse historique était pour eux l'essentiel, et ce qui les avait séduits par-dessus tout, c'était l'occasion de protester contre le gouvernement des Bourbons, sous couleur d'attaquer simplement le jury, c'est-à-dire l'inhospitalité de la liste civile. « Où se réfugiera la liberté, s'écriaient les deux académiciens, si elle est chassée des ateliers du peintre? et dans quelle barbarie sommes-nous près de tomber si l'on parvient à étouffer l'indépendance de ces beaux-arts qui servent de consolation, d'ornement et quelquefois même de soutien aux institutions les moins libres?... De quoi s'agissait-il donc : d'un portrait formidable, de l'apothéose d'un grand homme? Non, ces tableaux rejetés impitoyablement rappelaient deux histoires de notre époque contemporaine. L'un représentait la *Bataille de Jemmapes*, l'autre la *Défense de la Barrière de Clichy*. L'auteur avait saisi et rapproché, par un ingénieux et triste contraste, les deux points extrêmes de notre gloire militaire : c'étaient le premier élan et le dernier soupir, non de notre courage, mais de notre fortune. » On juge maintenant si les deux critiques furent bienveillants pour l'artiste qu'il s'agissait de venger. « Dans un ordre bien plus élevé, disaient-ils, mais tout aussi nouveau, Horace Vernet annonçait à la fois la facilité du pinceau de Sébastien Bourdon, la fougue et le coloris de Rubens, cette étude anatomique du plus noble des animaux, étude qui distingue son père, et cette touche délicate, cette observation de la nature physique qui caractérisent son aïeul. Déjà plusieurs morceaux d'un talent supérieur avaient laissé deviner son aptitude à saisir les émotions de la vie militaire, les scènes tumultueuses des camps, les convulsions de la nature, en un mot tout ce qui élève l'âme et tout ce qui l'agite. »

Que MM. Jouy et Jay, purs littérateurs, ne fussent pas de grands connaisseurs en peinture, il ne faut pas s'en étonner et cela n'est que trop clair. On ne comprend guère, en effet, ce que viennent faire ici le pinceau de Sébastien Bourdon, la fougue et le coloris de Rubens. Il y a plus : on se demande encore quel genre de rapport ont pu découvrir nos auteurs entre Giotto et Horace Vernet, car il est parlé quelques pages plus loin, à propos de l'*Odalisque*, d'une « imitation éloignée de Giotto » dont le peintre français était sans aucun doute fort innocent. Ce qui est certain, c'est que, par un bonheur singulier, les tableaux que l'on était venu voir dans une pensée hostile au gouvernement se trouvèrent être précisément les plus dignes de l'empressement universel. On se montrait avec complaisance la *Bataille de Jemmapes*, exclue du Louvre, et tout Paris s'étouffait pour la regarder, dans un salon qui n'avait pas vingt mètres carrés de superficie. On remarquait dans la figure de Dumouriez à cheval une sorte d'hésitation entre les habitudes monarchiques et l'ambition républicaine, et de fait il avait le geste d'un prince du sang sous l'uniforme de 92. Au fond, ce tableau de *Jemmapes* était pour un peintre de bataille un assez faible début, et une œuvre bien inférieure à la *Bataille de Marengo* de Carle Vernet. C'est toujours, avec d'autres costumes, un Parrocel, un Van der Meulen; je veux dire un groupe d'état-major avec quelques épisodes qui n'ont rien de caractéristique. Une cantinière qui donne à boire à des hussards, un blessé que des soldats portent sur un brancard formé de leurs fusils, une chaumière incendiée, un obus qui éclate et fait cabrer de gros chevaux attelés à une charrette de mourants; enfin, dans le fond, une campagne rayée de lignes topographiques et qui, çà et là, disparait sous la fumée du canon... tout cela ne

LA BARRIÈRE DE CLICHY (MUSÉE DU LOUVRE)

présente rien de bien nouveau et peut d'ailleurs s'appliquer indifféremment à toutes les batailles modernes. Mais on voulait que le tableau fût un chef-d'œuvre, et l'on se plaisait à indiquer du doigt les personnages que le peintre avait mis sur le premier plan et qui étaient maintenant populaires : le chef d'état-major Belliard, qui, depuis, s'était si bravement comporté comme général à Craonne et devant Paris ; le jeune et brillant duc de Montpensier, appartenant à cette branche cadette en qui vibrait, disait-on, la fibre nationale, et qui faisait élever ses enfants au collège, et Macdonald, qui avait dit, en parlant de l'invasion, « que le souvenir lui en donnait mal au cœur ».

Cependant la haute bourgeoisie s'arrêtait devant le portrait de M. Dupin aîné, qu'entourait l'auréole d'une popularité naissante. « Vous le voyez, disaient les meneurs, c'est le défenseur du maréchal Ney que l'artiste a représenté ; il l'a saisi dans un moment insaisissable d'indignation sévère et de véhémente inspiration ; les papiers que M. Dupin serre dans sa main crispée sont les papiers de la défense. » On ne savait pas alors qu'il y a aussi des courtisans au sourcil froncé et au rude langage. Un autre portrait attirait la foule des visiteurs, celui de M. Chauvelin. A en juger par la lithographie que le peintre en fit lui-même, le portrait est un morceau des plus heureux. Vernet y a modelé tout à la fois le masque et l'esprit de son modèle, l'esprit surtout. Chauvelin était un député célèbre par sa présence d'esprit, ses saillies piquantes et ses reparties imprévues, qui n'étaient d'ailleurs que la petite monnaie de son éloquence. On disait de lui : « Quand il parle de sa place, c'est Beaumarchais ; à la tribune, c'est Barnave ou Chapelier. »

Voilà comment l'exposition particulière d'Horace Vernet était devenue une manifestation patriotique. Chaque nuance de l'opposition, du reste, y trouvait son compte. Le parti d'Orléans, car déjà il existait, se plaisait à regarder la scène anecdotique du Saint-Gothard représentant le duc qui, par un froid rigoureux, sonne en vain à la porte de l'hospice et se voit repoussé inhumainement par le frère portier :

> ...., que puis-je faire,
> Que de prier le ciel qu'il vous aide en ceci !
> J'espère qu'il aura de vous quelque souci.
> Ayant parlé de cette sorte,
> Le révérend *ferma sa porte*.
>
> (LA FONTAINE.)

Les bonapartistes sincères, les officiers en demi-solde, admiraient sur toute chose le *Soldat de Waterloo*, le *Soldat Laboureur*, allusions brûlantes à leur situation, à leurs revers, et la *Mort de Poniatowski*, souvenir touchant d'un héros qui avait été leur compagnon d'armes, et qui, d'une âme désespérée par nos désastres, s'était jeté dans les flots de l'Elster pour y mourir. Les peintres s'attachaient de préférence, parmi tant de toiles, à l'*Atelier d'Horace Vernet*, composition charmante, spirituellement arrangée ou plutôt décousue avec art, et exécutée d'une touche leste, indicative, bien sentie et en quelque sorte parlante. Sous les apparences d'une modestie sans façon, Vernet semblait y faire parade d'un talent facilement universel, que rien n'étonne, que rien ne trouble, et son petit tableau voulait dire qu'il n'était pas homme à s'enfermer chez lui mystérieusement, comme tant d'autres, pour tailler des plumes ou broyer des couleurs, et qu'on pouvait très bien avoir du génie en se jouant, et *sur le pouce*. Quel tapage, en effet, et quel amusant capharnaüm que cet atelier d'Horace ! On rit, on parle haut, on crie, on chante, on boxe, on ferraille. Celui-ci, à demi-couché sur une table, souffle dans un cornet à pistons : c'est Eugène Lami ; celui-là fredonne une romance : c'est Amédée de Beauplan ; cet autre, assis sur une malle ouverte et renversée, bat tranquillement la générale sur un tambour ; un jeune homme lit à haute voix un journal ; deux des assistants font des armes, l'un la pipe à la bouche, tenant de la main gauche une palette et un appui-main : l'autre vêtu d'une grande blouse écrue, c'est Horace Vernet lui-même avec son élève Ledieu, qui était lieutenant au 85ᵉ de ligne et qui a vu mourir Poniatowski. Des artistes, des virtuoses, des militaires de tous grades, une chèvre, un chat, un singe, une perruque, un beau cheval blanc dans une stalle, remplissent ce lieu destiné au recueillement et au travail ; un bouledogue poursuit une gazelle ; des rapins ont coiffé d'un shako le buste d'Antinoüs ; le colonel Bro fume un cigare avec Langlois (le peintre des panoramas) ; deux boxeurs, nus jusqu'à la ceinture, Montfort et Lehoux, se mesurent du poing ; enfin, au beau milieu du vacarme, un jeune artiste, alors inconnu, Robert Fleury, est occupé à peindre une toile de chevalet sous les yeux de l'élégant M. de Forbin.

Mais un morceau qui eut le privilège de remuer tous les cœurs, ce fut la *Barrière de Clichy*. Nos lecteurs en connaissent trop bien la composition pour que nous ayons à la décrire. Toutefois la gravure dissimule ou atténue un défaut qui se rencontre souvent dans la peinture d'Horace Vernet ; je parle du coloris, qui est froid, sourd et terne, bien au delà de ce qu'autorisait la tristesse d'une journée où avait succombé l'honneur de la France. Ce que la gravure ne dit pas et ce qu'il est bon de consigner ici pour les générations à venir, c'est le nom des braves gens représentés dans ce petit tableau, et qui, en effet, défendirent la barrière de Clichy. On distingue parmi eux Charlet, qui amorce un fusil; Emmanuel Dupaty (depuis membre de l'Académie française), qui ramène une pièce de canon; M. Odiot, commandant de la 2e légion — c'est celui qui prend les ordres du maréchal Moncey; — M. Castera, qui reçut la croix d'honneur à Austerlitz; M. Bertin, ancien militaire; Alexandre Delaborde, Amédée Jaubert, l'orientaliste, et le colonel Moncey, fils du général, qui s'est fait attacher blessé à la selle de son cheval; il est auprès du capitaine Amable Girardin. Dans le fond, à travers la fumée des batteries, on aperçoit le cabaret du père La Thuile, qui dit aux soldats : « Buvez, mes amis, buvez gratis, ne laissez pas aux Cosaques une seule bouteille de mon vin! » Tout trahit ici l'intention de protester amèrement contre les horreurs de l'invasion, même au risque de dépasser la vraisemblance, tout, dis-je, jusqu'à cette paysanne qui a fui avec sa chèvre, et qui est venue allaiter son enfant au milieu d'un tel désastre!

Il est des hommes que la fortune s'obstine à protéger, et qui ne peuvent pas réussir à se procurer les honneurs de la persécution ou le prestige d'une noble défaite. Vernet fut de ce nombre. Triomphant par l'opposition libérale, il n'en obtint pas moins les faveurs de la liste civile, sans les demander il faut le croire. D'autres eussent été inquiétés par la police : il reçut,

LA POSTE AU DÉSERT

lui, la commande d'un portrait équestre de Charles X, de sorte que les méchants auraient pu dire :

> Qu'il avait ménagé, d'un artifice égal,
> La chèvre royaliste et le chou libéral.

Horace fit deux fois ce portrait ; la seconde fois il représenta Charles X passant une revue à Vincennes avec le duc d'Angoulême et le duc d'Orléans, celui-ci en uniforme de colonel général des hussards. C'est un des tableaux où il s'est montré le plus habile à grouper des chevaux, à les dessiner en raccourci, et à mettre en selle des personnes qui ont à conserver la dignité du commandement dans l'aisance du cavalier. La croix d'officier de la Légion d'honneur vint trouver le peintre comme il achevait les *Adieux de Fontainebleau* sur le même chevalet où il avait peint le portrait du roi, et en cette année, 1826, nommé membre de l'Institut, il put s'asseoir à côté de son père, dans le premier fauteuil de la section de peinture, créé en 1795 par Louis David et laissé vacant par Le Barbier. Son exposition au Salon de 1827 fut variée et brillante. On y voyait figurer la *Bataille de Bouvines*, placée aujourd'hui dans une des galeries du palais de Versailles, *Jules II en conférence avec Bramante, Raphaël et Michel-Ange*, peinture de plafond pour le Louvre, *Édith cherchant le corps d'Harold*, composition un peu théâtrale qui inspira des pages animées aux feuilletonistes. Bien qu'elle n'ait figuré au Salon que quelques années plus tard, c'est à la même époque qu'appartient la *Bataille de Fontenoy*, une des plus belles toiles de l'auteur et des plus lumineuses. Vernet, qui, en fait d'invention, n'a rien emprunté à personne, s'est heureusement aidé en cette circonstance, et par exception, d'une excellente gouache de Van Blaremberg, dessinateur attaché aux armées de Louis XV. L'épisode du jeune garde-française qui, tenant la croix de Saint-Louis, se jette dans les bras de son père avec tant de naturel et d'élan, est une idée qui paraît aussi renouvelée de Carle Vernet[1]. Mais dans l'œuvre immense d'Horace, on ne trouvera plus d'autres réminiscences ; il faut lui rendre cette justice qu'il a toujours vécu sur son propre fonds.

Quelques mois après, grâce au rare privilège dont il jouissait d'être à la fois populaire et bien en cour, Vernet fut nommé directeur de l'Académie de France à Rome, en remplacement de Pierre Guérin, dont le directorat venait de finir. Il partit donc durant l'automne de 1828, et son père voulut absolument l'accompagner. Ici commence une phase nouvelle dans la vie du peintre. Mais d'abord quelle étrange idée que d'aller choisir Horace Vernet pour diriger notre école à Rome! Quel enseignement pouvait sortir d'une tête comme la sienne? Un homme qui disait : « Quand je veux peindre, je mets le nez à la fenêtre, » un tel homme n'avait rien à faire à la tête d'une Académie. Ce n'est pas la peine, en vérité, d'entretenir à Rome des pensionnaires pour qu'un directeur leur recommande chaque matin de regarder par la fenêtre. « Voir la nature, dit Decamps, est une formule que le moindre examen réduit presque aux proportions d'une niaiserie : s'il ne s'agit que d'ouvrir les yeux, le premier rustre le peut faire ; les chiens aussi voient. L'œil est

[1] Elle est exprimée à peu près de même dans un tableau inachevé qui représente l'*Entrée des Français à Milan*, et qui appartient à M. Émile Lecomte, neveu d'Horace Vernet.

sans doute l'alambic dont le cerveau est le récipient; mais il faut savoir s'en servir; nul n'est chimiste pour posséder des cornues. Il faut apprendre à voir. Là est la théorie; là est aussi le titre glorieux de M. Ingres: il a bien vu et montré ce qu'il fallait voir... » Autant M. Ingres était capable de diriger l'Académie, autant Vernet y était impropre; car ce qu'il devait enseigner était justement le contraire des facultés que personnellement il possédait, et cette grande tradition dont il était le dépositaire officiel, il l'ignorait et il voulait l'ignorer; il n'en avait ni le sentiment ni le souci. Investi de fonctions qui constituent à Rome une seconde ambassade française, il ne pouvait qu'y représenter la France avec de l'esprit, du tapage et de l'éclat. C'est ce qu'il fit. Sous sa direction, les soirées de la villa Médicis étaient brillantes et bruyantes. Tous les regards y étaient fixés sur un ange de grâce et de beauté, Mlle Louise Vernet, qui était aussi une intelligence supérieure. Lorsqu'elle se promenait le soir, avec sa mère, dans les jardins du Monte Pincio, elle faisait l'admiration de tous les étrangers, et en particulier des artistes allemands, qui la suivaient des yeux et se portaient de préférence dans les allées où elle devait passer. C'est Félix Mendelssohn qui nous apprend ces détails dans ses *Lettres*, qu'on vient de publier en Allemagne et que nous avons sous les yeux, traduites en anglais. L'atelier d'Horace, tel que le décrit le célèbre compositeur, était à Rome ce qu'il avait été à Paris : il offrait le spectacle du fouillis le plus pittoresque.

« Tu t'informes d'Horace Vernet. A la bonne heure! voilà un sujet gai à traiter. Je crois pouvoir dire que j'ai appris quelque chose à son école et qu'elle peut devenir instructive pour tout le monde. Il compose avec une aisance et une naïveté extrêmes. Voit-il un objet qui lui plaise, il le dessine, et tandis que nous délibérons pour savoir si la chose est belle, il a depuis longtemps créé une œuvre nouvelle ; il brouille et confond toutes nos méthodes, toutes nos échelles d'esthétique. Je sais bien que cette facilité n'est pas chose qui s'apprenne ; mais rien ne remplace les qualités qui en découlent, je veux dire la sérénité d'esprit et une éternelle fraîcheur au travail. Dans les allées d'arbres verts qui sont en fleurs et qui embaument, au milieu des fourrés du jardin de la villa Médicis, s'élève une petite maison dans laquelle on entend de loin retentir quelque bruit, cris ou querelles, airs de trompette, aboiements de chien : c'est l'atelier. Il y règne un beau désordre : fusils, cor de chasse, guenon, palettes, lièvres tirés, lapins pris au lacet ; aux murailles, les tableaux en train ou terminés. L'*Adoption de la Cocarde nationale* (tableau risqué qui ne me plaît pas du tout), des portraits commencés de Thorwaldsen, d'Eynard, de Latour-Maubourg, quelques chevaux, l'esquisse de la Judith avec études préparatoires ; le portrait du pape, deux têtes d'Arabes, des *Pifferari*, des soldats du pape, *Caïn et Abel*, et enfin l'*Atelier* même, sont accrochés dans l'atelier.

« Il était dernièrement surchargé de tableaux commandés : tout à coup il avise dans la rue un de ces paysans de la campagne romaine que le gouvernement vient d'armer et qui chevauchent par la ville. Ce costume picaresque l'amuse. Le lendemain, voilà un tableau commencé, qui représente un de ces rustres, arrêté sur son cheval dans la campagne par le mauvais

BATAILLE DE FONTENOY (MUSÉE DE VERSAILLES)

temps et qui porte la main à son fusil pour faire quelque mauvais coup; dans le fond, un petit corps de troupes, et puis la plaine déserte. Les menus détails de l'armement qui sentent leur paysan, ce méchant cheval avec ses guenilles de harnais, l'air empêtré de l'homme et de la bête, le calme italien de ce gaillard barbu font un ravissant petit tableau, et quand on voit l'artiste peindre avec délices, se promener sur la toile, ajouter ici un petit ruisseau, là deux ou trois soldats, ailleurs un bouton à la selle, bourrer de vert le manteau du drôle, vraiment c'est à lui porter envie. Aussi tout le monde vient-il le voir. A ma première audience, j'ai vu se succéder plus de vingt personnes. La comtesse E... avait demandé des premières la permission de le voir travailler; quand il se jeta sur ses pinceaux et ses couleurs comme un affamé sur un morceau de pain, elle eut peine à revenir de son étonnement. Le reste de la famille n'est pas mal, et quand le vieux Carle se met à parler de son père Joseph, on se sent pénétré de respect pour ces gens-là, et je vous garantis que c'est une noble race. »

A l'époque où Félix Mendelssohn écrivait cette lettre (mars 1831), la position d'Horace Vernet était devenue difficile et même périlleuse. La révolution de 1830 s'était accomplie, et si le peintre n'avait qu'à s'en réjouir personnellement, puisqu'elle avait porté sur le trône le duc d'Orléans, qui avait été depuis quinze ans le protecteur et l'ami dévoué de Vernet, en revanche, en tant que directeur de l'Académie, sa situation officielle était embarrassante. Aux premières nouvelles, tout le personnel de la légation française était allé rejoindre l'ambassadeur de Charles X, déjà retiré à Naples, de sorte que la

France n'était plus représentée à Rome que par le directeur de l'Académie, qui, du reste, venait d'être nommé provisoirement, par le roi Louis-Philippe, ministre plénipotentiaire près le Saint-Siège. Ce fut donc sur lui que retomba toute l'animosité de la populace romaine, qu'on avait excitée contre les Français en lui faisant croire que nous étions un peuple de brigands et de sacriléges, et que la seule influence des pensionnaires pouvait amener une révolution dans Rome. Des lettres anonymes remplies de menaces étaient adressées au directeur. Un jour, il trouva un Transtévérin qui stationnait en armes devant les fenêtres de son atelier, mais qui prit la fuite lorsque Vernet l'eut couché en joue. Pendant ce temps, les dames Vernet vivaient isolées et enfermées à la villa Médicis, tandis que la ville était plongée dans un silence effrayant, et tranquille, de cette tranquillité qui précède les catastrophes. Les peintres allemands, qui sont volontiers hostiles aux pensionnaires, faisaient rigoureusement bande à part. Ils avaient juré de laisser pousser leurs moustaches tant qu'il y aurait une ombre de danger, et on les voyait circuler dans Rome, barbus et chevelus, avec des chapeaux à larges bords et suivis de leurs bouledogues. Ils marchaient en se communiquant tout bas leurs frayeurs, et ils affectaient de rentrer à la brune. Chose bizarre! ces hommes farouches à longues moustaches étaient les mêmes qui, à la suite d'Overbeck, peignaient des madones maladives, des saints poitrinaires et « ces blancs-becs de héros sur lesquels il vous prend parfois des envies de tomber à coups de bâton », c'est Mendelssohn qui parle. — Dans ces conjonctures, Horace Vernet fit bonne contenance, conserva ses allures habituelles, tint la populace en respect, et obtint par sa conduite habile et ferme l'entière approbation du gouvernement français, qui lui en transmit l'expression dans une lettre de M. Guizot, alors ministre de l'intérieur, et de qui relevait l'Académie.

Jusqu'au 1er janvier 1835, Horace Vernet fut directeur de l'École, et son temps ne fut pas employé seulement aux soins diplomatiques, aux réceptions, aux chasses et aux fêtes. La peinture était pour lui un besoin, et, pour peindre, il s'était *mis à la fenêtre*, selon son habitude. Voyant passer des paysans romains, des brigands, des gendarmes pontificaux, des *pifferari*, des chasseurs qui partaient pour les Marais-Pontins, il en avait fait autant de tableaux. Ses envois aux Salons de 1831 et 1833 produisirent leur effet sur la foule, mais ils furent en revanche vertement critiqués par les difficiles, et quelques-uns très justement. Vernet n'avait vu de l'Italie que la surface ; il en avait rendu vivement les apparences : il s'était comporté tout à fait comme ces touristes auxquels il suffit de huit jours passés dans un pays pour toiser toute une population et en écrire leur jugement du bout de la plume, *ne varietur*. C'étaient d'ailleurs d'intéressants tableaux, pour des Parisiens surtout, que la *Confession d'un brigand*, et le *Combat des brigands contre les carabiniers du Pape*. Ce dernier même est, à mon sens, un tableau plein de saveur pour tout le monde, un morceau essentiellement pittoresque où le mouvement des hommes et des chevaux est saisi à merveille, mais saisi n'est pas le mot, c'est deviné qu'il faut dire, car Vernet a une intuition du mouvement qui tient du prodige. Il y a, par exemple, dans ce tableau, un carabinier à cheval qui, courant à fond de train sur le spectateur, traîne un brigand qu'il tient par sa cravate, le pistolet sur la gorge, et qui, emporté par le cheval, ne touche pas terre ; c'est un chef-d'œuvre de vraisemblance, et je maintiens que les plus madrés dessinateurs sécheraient sur pied avant d'attraper ce double mouvement qui dans la nature n'a pu durer qu'une seconde, et qu'il faut bien dessiner uniquement avec les yeux de l'esprit. L'œil d'Horace était comme le verre de l'objectif photographique, il en avait les propriétés étonnantes, mais aussi, comme l'instrument de Daguerre, il voyait tout, il reproduisait tout, et cela sans choix, sans préférence. Il répétait le détail aussi bien que l'ensemble, que dis-je? beaucoup mieux, car le détail chez lui usurpait toujours une importance exagérée, ainsi qu'il arrive immanquablement quand on ne prend pas la peine de le subordonner, de lui assigner son rang et sa place. Deux choses faisaient du tort aux compositions italiennes de Vernet : c'étaient les *Moissonneurs* de Léopold Robert et le *Vœu à la Madone* de Schnetz. Les délicats sentaient bien que là étaient l'expression profonde du caractère italien et un profond sentiment de l'art ; mais ce qu'on appelle le public était ravi des tours de force de Vernet, du naturel de son récit, de ces brigands pris sur le fait, et tout cela répondait parfaitement à l'idée superficielle que nos Français ont de l'Italie. Horace avait mis la grandeur romaine à la portée de tout le monde. On admirait aussi beaucoup, parmi ces envois, le *Pape Pie VIII, porté dans la basilique de Saint-Pierre*, et de fait, c'est un des bons ouvrages du peintre : il est plein de ressort et d'éclat ; les têtes du premier plan sont attaquées avec une franchise qui, poussée un peu plus loin, dégénérerait en crudité. Le pape,

LE CHEVAL DE TROMPETTE

vieillard louche à cheveux blancs, conserve une certaine majesté dans sa bonhomie : en somme, on peut se croire un instant au milieu des gardes-nobles, des monsignori, des prêtres grecs et des Suisses dans leur uniforme de perroquets : mais si l'on aime l'art du fond de l'âme, il faut oublier qu'on a vu l'*Héliodore* de Raphaël.

Le style ! c'est là justement la qualité suprême à laquelle Vernet ne put jamais atteindre. Tant qu'il s'était borné à mettre en scène les hommes du jour, des soldats français au bivouac ou sur le champ de bataille, des princes à la revue, des artistes dans un atelier, il y avait suffi et il avait plu par ses défauts mêmes, je veux dire par un certain accent de réalité banale qui devait séduire le gros des spectateurs et qui répondait parfaitement à la moyenne de l'esprit public. Mais du jour où il s'en prit aux héros de la Bible ou à ces grandes figures modernes que leur génie a idéalisées, quand il voulut peindre *Judith et Holopherne*, ou la *Rencontre de Michel-Ange et de Raphaël*, il fit bien voir quel abîme le séparait du style et combien il était dépaysé dans toute autre région que la France et avec d'autres personnages que des Français. La Bible est trop loin de nous pour qu'on la soumette au procédé photographique. L'histoire a sa perspective comme la nature, et l'on peut dire que les héros des temps antiques doivent reculer dans cette perspective en raison de leur grandeur. Les rapprocher de nous par le détail ethnographique, par l'accident, par tout ce qu'on appelle le *costume*, quand on exagère l'importance de ces accidents et de ces détails, c'est prendre le contre-pied de l'art, le rebours du style. La *Judith* d'Horace qui retrousse ses manches d'un geste si trivial est une juive de théâtre, comme son Holopherne est un acteur du boulevard et toute la scène un mélodrame. Quant au tableau de Raphaël et Michel-Ange, ce fut encore une erreur, mais celle-là était considérable; elle donna beau jeu à la critique. Il s'agissait de représenter ce fait rapporté par les chroniqueurs de la Renaissance : Michel-Ange ayant un jour rencontré Raphaël entouré de ses élèves, lui dit : « Vous marchez toujours escorté comme un prince » : à quoi Raphaël aurait répondu : « Et vous, vous allez toujours seul, comme le bourreau. » Cette anecdote, ou plutôt cet *ana*, était le thème choisi par Vernet pour réunir sur une même toile, Jules II, Michel-Ange et Raphaël. Le peintre avait placé si haut son point de vue que, la composition se développant démesurément en hauteur, le Jules II « paraissait guindé au sommet du tableau comme une pierre au bout d'une grue ». Mais on se moqua surtout et cruellement des deux principales figures, du Raphaël qui, pour dessiner tout simplement une madone d'après nature, se drape et se grime avec une emphase grotesque, et du Michel-Ange, « espèce de diable de la Porte-Saint-Martin, employé dans la matinée à des déménagements en ville[1] ». Décidément, Horace faisait fausse route: une circonstance heureuse le fit bientôt rentrer dans son élément.

Remplacé à Rome par M. Ingres, Vernet revint en France au moment où le roi Louis-Philippe poursuivait avec ardeur une pensée qui honore son règne, celle du musée de Versailles. Le projet de Louis-Philippe était de faire peindre dans le palais de

[1] *Les artistes contemporains*, par Charles Lenormant. Paris, 1833.

Louis XIV les fastes de notre histoire, surtout de notre histoire moderne, et certainement. de tous les artistes qui devaient participer à une telle entreprise, aucun n'y était plus propre que le peintre de la *Barrière de Clichy*. Notre histoire, si on la lit dans nos grands historiens, est une *histoire-bataille*, suivant le mot de Monteil, et la bataille, qui fut si longtemps le génie de la Gaule, était aussi le vrai talent d'Horace Vernet. Au bruit du tambour, au son du clairon, il se sentait battre le cœur, autant du moins que son cœur pouvait battre, car les choses qui remuent le plus fortement les autres hommes ne faisaient qu'effleurer son âme légère. La seule fois peut-être qu'il eût montré une émotion sincère et se fût élevé au sentiment de la poésie, c'était lorsqu'il avait peint la *Bataille de Montmirail*. « Le moment choisi est celui où les chasseurs de la vieille garde, sous les ordres du maréchal Lefebvre, se précipitent sur l'ennemi et décident par cet effort suprême le gain de la journée. L'horizon, que les ombres du crépuscule ont déjà envahi, les restes d'une lueur blafarde qu'un triste soleil d'hiver, à demi caché derrière les nuages, répand sur la campagne et sur les derniers bataillons qui la couvrent, tout, — jusqu'à cette croix que les balles des deux armées ont ébranlée sur sa base, jusqu'à cet arbre effeuillé dont les branches semblent s'agiter douloureusement sous les sifflements du vent et de la mitraille, — tout a une solennité mélancolique, une expression de grandeur sinistre conforme au caractère historique de la scène. C'est l'image d'une victoire encore, mais d'une victoire sans fête, d'une gloire sans ivresse, d'un triomphe sans lendemain. La joie est absente de tous ces cœurs héroïques qu'habitent seulement les souvenirs de la patrie outragée, comme la lumière radieuse manque au théâtre de la lutte, comme le soleil d'Austerlitz est absent du ciel de Montmirail[1]. »

Le duc d'Orléans connaissait mieux que personne le talent d'Horace Vernet ; il en avait eu les prémices et déjà il possédait les batailles de *Jemmapes*, de *Valmy*, de *Hanau* et de *Montmirail*, et bien d'autres tableaux encore. Il ne pouvait donc l'oublier lorsqu'il fut question de peindre nos campagnes d'Afrique. Une salle entière lui fut réservée, la salle de Constantine, et Vernet y put dérouler ses *Batailles d'Alexandre*. Mais Lebrun avait travaillé sous les yeux et pour le compte de Louis XIV, à qui la grandeur était naturelle ; Horace était l'artiste favori d'un monarque auquel suffisait une gloire sans pompe et une peinture sans style. Il est juste d'ajouter que la représentation du siège et de la prise de Constantine n'exigeait rien de plus qu'une vérité patriotiquement sentie, simplement rendue. Des événements qui sont d'hier, des héros qu'on a pu voir se promener sur le boulevard, entre deux batailles, il est bien difficile de les transfigurer sans tomber dans le ridicule de l'emphase. Il n'y a de possible en pareil cas que la fadeur d'une allusion ou l'énergie du vrai. En homme qui se connaît et qui a tâté le pouls de son public, Horace comprit qu'en traduisant le rapport du général en chef, il ferait revivre l'émotion que chacun avait ressentie à la lecture du *Moniteur* ; qu'après tout, il y avait quelque chose de plus piquant à peindre l'héroïsme en capote et en képi, et quelque chose de plus neuf comme de plus juste à illustrer le

[1] Henri Delaborde, *Revue des Deux Mondes*, du 1er mars 1853.

grand homme collectif, le régiment. Ce parti une fois pris, personne assurément n'aurait mené la besogne avec plus de verve, de bravoure, et de cette vive clarté qui entraine les masses. Quand on regarde les tableaux de Vernet dans la salle

TIENS BON!

de Constantine, on en sait autant sur ce siège redoutable que Lamoricière ou Changarnier. On assiste à l'action, on monte à l'assaut avec ces troupiers naïvement sublimes; on entend les bons mots du loustic qui volent parmi la mitraille; la ville est prise, et chacun se retire ému de l'émotion que le peintre voulait produire, celle qu'aurait produite la réalité même. Oui, en fait de *batailles*, ce sont les chefs-d'œuvre de Vernet que les tableaux de Constantine. Au feu ou au repos, les soldats français y sont admirables parce qu'ils sont vrais de la tête aux pieds, chacun dans son arme et à sa manière, le zouave autrement que l'artilleur. On les voit sur la même toile attendre la mort avec calme ou courir sus avec furie, et l'intrépide élan de Lamoricière n'est pas plus saisissant que le sang-froid du général Valée, qui, assis sur l'affût d'un canon, donne ses derniers ordres pour l'assaut. Et ce qui intéresse à un très haut degré, c'est l'évidente exactitude des faits et des lieux, car le spectateur a conscience d'avoir sous les yeux un certificat d'identité, et que faut-il de plus quand les personnages représentés se chargent eux-mêmes d'être héroïques !

Mais si le peintre a le bénéfice du détail et de l'épisode, en revanche il ne sait pas éviter l'inconvénient du décousu. A tous ses tableaux, il manque une qualité essentielle, le concours des parties accidentelles à l'effet d'ensemble, la concentration de l'ordonnance, l'unité. Un peintre comme Gros, par exemple, choisirait un épisode caractéristique, le moment fameux et décisif de la bataille, le trait saillant, dominant. Vernet, constamment séduit par le pittoresque de l'anecdote et par son propre talent à le mettre en jeu, éparpille l'intérêt et laisse échapper le principal pour l'accessoire, ou plutôt il n'y a pas d'accessoire à ses yeux. Voyez la *Smala* : Des cavaliers envahissant à l'improviste une cité mobile de tentes arabes, toute remplie de femmes et d'enfants endormis : il y avait là de quoi composer un tableau très passionné, où le détail aurait pu jouer son rôle, mais subordonné à une forte unité, où les groupes, quoique distincts, auraient vaincu ensemble ou auraient été enveloppés dans le même désastre. Au lieu de cela, il semble que le peintre ait sténographié les conversations du bivouac, qu'il ait eu à illustrer le journal d'un trompette ou les mémoires d'un maréchal des logis. On parle d'une vache qui se trouvait

RÉBECCA ET ÉLIÉZER

dans la bagarre : vite, une vache ; on se souvient d'une grosse négresse folle qui poignardait les pastèques : vite, une négresse sur le premier plan, avec sa pastèque bien authentique. On a beaucoup ri d'une femme arabe qui, en tombant, laissa voir ses mollets ; voilà une femme renversée, la tête en bas, les pieds en l'air. Et ainsi de suite, jusqu'au moment où le combat finit faute de toile; car il n'y a aucune raison sensible pour que la peinture finisse autrement. Retranchez du tableau ou ajoutez-y trente personnages, ce sera toujours le même résultat, la même dispersion de l'intérêt, le même triomphe des petites choses sur les grandes. Les chevaux, les chiens, les hommes, les chameaux, les bœufs, les marabouts, les pastèques, les princes, la négresse, la poêle à frire, tout cela se produit avec une égale importance, tout cela est peint avec la même complaisance, le même entrain et la même force. Deux jeunes gazelles, qui fuient épouvantées et légères, m'ont arrêté aussi longtemps que Sidi-Embarrak, commandant de la *Smala*. Un chameau abattu m'a intéressé tout autant que le colonel Morris. Quant à M. le duc d'Aumale, il était difficile de lui donner un geste plus banal, une plus insignifiante tournure. Des femmes qui se précipitent échevelées aux pieds d'un si jeune homme devaient s'attendre à l'émouvoir davantage. L'unité, l'unité, voilà le secret, l'éternel secret de frapper les grands coups ! Je m'attendais à voir la *Prise de la Smala*, et l'artiste me montre seulement une suite de scènes diverses tirées de la prise de la Smala, de sorte que son tableau, d'une proportion immense, insensée — il a vingt-trois mètres de long ! — est comme une longue et amusante suite de peintures et de lithographies coloriées pouvant se regarder séparément et par intervalles : ici la charge des spahis où la justesse merveilleuse des allures du cavalier, de son assiette, de son uniforme en mouvement, le dispute à l'habileté rare qui a vaincu des raccourcis d'une difficulté effrayante; là le groupe des chameaux empavillonnés ; plus près, la tente du vieux marabout qu'on avertit du péril ; plus loin, le duc d'Aumale et toute la capitulation qui se traîne aux pieds de son cheval blanc; puis le troupeau de bœufs effarés, et enfin la négresse folle, Cendrillon du désert, qui montre ses dents par un sourire stupide.

Le croirait-on? Il ne fallut à Horace Vernet que trois ans pour achever de peindre la salle Constantine, ainsi nommée à cause des trois grands tableaux du siège, l'*Attaque de la porte*, l'*Ouverture de la brèche* et l'*Assaut*, mais qui renferme encore l'*Entrée en Belgique*, l'*Attaque de la citadelle d'Anvers*, le *Col de Teniah*, la *Prise de Bougie*, l'*Occupation d'Ancône*, le *Bombardement de Saint-Jean-d'Ulloa*, la *Flotte française forçant l'entrée du Tage*, le *Combat de Sickack*, le *Combat de Samah*, le *Combat d'Afroum*. Quant à la *Prise de la Smala*, qui fut exposée au Salon de 1845, ce fut l'affaire de dix mois, pendant lesquels l'inépuisable peintre trouva moyen de composer le soir, à la lampe, cinq cents dessins qui devaient être gravés sur bois pour une *Histoire de Napoléon*, et qui sont restés pétillants d'esprit même après avoir passé par la dangereuse interprétation du graveur. Au surplus, il n'était pas homme à user son temps en études préparatoires et à jeter son feu sur des ébauches. Quelques croquis sabrés lestement lui suffisaient à reconnaître sa première pensée. Avant d'occuper un espace immense, les personnages de la *Smala* furent dessinés hauts de trois centimètres sur une feuille de papier qui était comme le brouillon du tableau : ce fut tout. L'artiste se mit à peindre sans autre préliminaire, d'après l'image qu'il avait conçue et ruminée dans son esprit, et, une fois à l'œuvre, il exécuta sa composition d'un bout à l'autre sans prendre haleine. Deux facultés précieuses, l'imagination et la mémoire, se confondaient chez lui et n'en faisaient qu'une. Il se rappelait à merveille tout ce qu'il avait imaginé et il représentait vivement tout ce qu'il avait vu. L'apparente physionomie des hommes et des choses restait gravée en lui tant qu'il ne l'avait pas exprimée à sa manière sur la toile.

On assure qu'il fit plus d'une fois des excursions pittoresques sans emporter ni boîte à couleurs, ni portefeuille; c'est à peine s'il était muni d'un crayon; mais il venait, il voyait, il se souvenait. Deux fois il fit le voyage de Russie avec sa mémoire pour tout carton, mémoire prodigieuse qui étonnait Géricault et qu'il appelait *un meuble à tiroirs*. Chaque chose, en effet, s'y casait à sa place et plus tard s'y retrouvait. Malheureusement, ce cerveau privilégié retenait surtout les petites vérités, les petits objets, les boutonnières, les galons, les courroies, les aiguillettes, les passepoils, les boutons de guêtre et les clous de bottes; mémoire d'enfant terrible qui ne discerne pas ce qu'il faut oublier, ce qu'il faut taire.

Il ne faut pas se tromper au surplus sur les improvisations de Vernet; souvent elles étaient méditées sans en avoir l'air. « On me loue de ma facilité, mais on ne sait pas que j'ai été douze ou quinze nuits sans dormir et en ne pensant à autre chose qu'à ce que je vais faire. » Et Charlet disait également d'Horace, avec ce tour narquois qui était le sien. « On se figure qu'il est toujours à faire de l'escrime d'une main, de la peinture de l'autre; on donne du cor par ici, on joue de la savate par là.

JUDITH (MUSÉE DU LOUVRE)

Bast! il sait très bien s'enfermer pour écrire ses lettres, et c'est quand il y a du monde qu'il met ses enveloppes[1]. »

D'après les renseignements fournis par la famille de Vernet à M. Merson, le second voyage d'Horace aurait caché une mission diplomatique auprès de l'empereur Nicolas, qu'il s'agissait de ramener à de meilleurs sentiments pour la France, et dont personne encore n'avait pu vaincre les préventions hautaines à l'égard de la dynastie d'Orléans. « En arrivant à Saint-Pétersbourg, le peintre n'avait rien d'officiel qui déterminât sa situation auprès de l'Empereur. Il en fut autrement du jour où le Czar, se tournant vers les personnes de sa suite, leur eut présenté Horace en ces termes : « Messieurs, Vernet fait partie « de mon état-major : je mets à l'ordre qu'il sera libre de faire « tout ce que bon lui semblera. » Quelques jours après, Nicolas amenait l'artiste jusque dans les provinces les plus reculées de son vaste empire, et l'on pense si, pendant un voyage de trois mille quatre cents lieues, Vernet fit une ample récolte de croquis, dont sa mémoire, suivant l'habitude, fut seule à recevoir le dépôt. Au bout d'un an de séjour à Saint-Pétersbourg, il revint à Paris comblé de présents et d'honneurs, témoignage éclatant des sympathies de Nicolas. Ce n'était pas seulement pour son talent et son esprit que le czar lui portait une si vive affection ; il estimait l'homme à cause de son caractère loyal, de sa franchise prompte à s'exprimer. Cette franchise surprenait bien les courtisans, mais elle ne déplaisait pas à l'autocrate, au contraire. A un repas durant lequel la conversation avait pris

[1] Étude sur Horace Vernet, par M. Sainte-Beuve, *Constitutionnel* du 18 mai 1863.

un tour politique, Nicolas s'adresse à Vernet et lui dit : « Eh « bien ! mon cher Horace, avec vos belles idées de libéralisme, ce « n'est donc pas vous qui représenteriez, dans un tableau que je « vous commanderais, une victoire des Russes sur les Polonais ? « — Et pourquoi pas, Sire ? j'ai bien peint le Christ en croix ! » On juge de l'effet que produisirent ces paroles tombant au milieu de convives qui tremblaient au moindre signe du maître. Et comme le lendemain quelques hauts personnages s'en étonnaient auprès du Czar, celui-ci leur ferma la bouche par ces mots : « Que voulez-vous ? Horace et moi nous ne sommes pas « toujours du même avis ; c'est probablement pour cela que je « l'estime à ce point : les hommes francs sont si rares ! »

Est-il bien sûr qu'Horace l'ait pris avec l'empereur Nicolas sur ce ton de rude franchise ? On nous permettra d'en douter, tant cette réponse ressemble à une phrase arrangée après coup. Ce qui est certain, c'est que Vernet, qui, par parenthèse, n'a jamais peint le Christ en croix, consentit parfaitement à peindre la dernière défaite de la Pologne, cette prise du fort de Voohla, qui livra aux Russes Varsovie, et qu'il le fit sans marchander, en donnant aux Russes le rôle de la supériorité et le prestige de la victoire. Voilà ce que le narrateur a charitablement oublié de dire, du moins à la place où le fait conservait sa signification. Que penser, après cela, de la fière réplique de Vernet, et de cette rudesse militaire qu'il affectait d'avoir eue toujours et envers tout le monde ? Il faut convenir, en tout cas, qu'une telle rudesse lui a porté singulièrement bonheur, ce qui en diminue quelque peu le mérite. La vérité, c'est qu'il fut bien en cour sous tous les régimes. Du temps de la Restauration, nous l'avons vu, il cumulait le bénéfice de la popularité et les commandes de la liste civile; on le vit peindre sur le même chevalet les *Adieux de Fontainebleau* et le portrait équestre de Charles X. Après avoir dessiné le portrait de Mavrocordato, dont il vendait la lithographie au profit des Grecs, il peignit le pacha d'Égypte, leur ennemi et le nôtre à Navarin. Après avoir embrassé avec ardeur la cause de la Pologne, et représenté Poniatowski mourant pour la France dans les flots de l'Elster, il allait se mettre au service du Czar et célébrait sur la toile la prise de Varsovie et l'extermination de la Pologne. Sous Louis-Philippe, il était, à ce qu'il semble, le plus dévoué des orléanistes; sous la République, il peignait, à quelques mois de distance, le portrait du général Cavaignac et celui du Prince-Président; enfin, sous l'Empire nouveau, il s'est retrouvé, après tant d'évolutions, le peintre officiel; sans compter qu'il ne connut pas toujours le respect qu'on doit aux vaincus, ayant eu le double malheur de ne pas comprendre certaines idées généreuses et d'essayer de les flétrir du bout de son pinceau.

Il nous en coûte, assurément, de nous exprimer ainsi au sujet d'un artiste que la nation française a depuis longtemps adopté comme le sien; mais la vérité avant tout, et cette vérité-là est bonne à dire. Aussi bien, Horace avait sous les yeux un noble exemple, celui de son gendre, Paul Delaroche, dont la conduite contrastait si fort avec la sienne, Paul Delaroche, caractère uni, ferme et fier, incapable de ces complaisances que la dignité désavoue, et jaloux d'en écarter jusqu'au moindre soupçon. Une circonstance solennelle où la versatilité de Vernet fut percée à jour, ce fut l'Exposition universelle de 1855. Les artistes les plus célèbres de notre école y brillèrent en première ligne : Ingres, Horace Vernet, Delacroix, Decamps ; et la France, sans partialité aucune, devait à ces peintres le suprême honneur. Horace, qui n'aimait pas M. Ingres, et qui d'habitude ravalait fort délibérément sa peinture, fut profondément blessé lorsqu'il apprit que, dans la pensée du directeur général de l'Exposition, M. Ingres passait avant lui et devait être seul proposé pour la distinction la plus haute. Il résolut à l'instant même de jeter au grenier le tableau que le prince Napoléon lui avait commandé, *la Bataille de l'Alma*, et il en écrivit au prince une lettre gourmée ; puis, se ravisant, il transforma cet acte de dépit en un trait de gratitude, et il expédia une seconde lettre ainsi conçue : « C'est au roi de Westphalie que je dois mon premier succès ; Sa Majesté m'a témoigné, en 1812, une bienveillance que je n'ai certes pas oubliée, et, comme marque que ce souvenir m'est resté, je supplie le prince Jérôme d'agréer l'hommage d'un tableau où j'ai eu le bonheur de représenter son auguste fils remportant sa première victoire. » En même temps, Horace courait à la commission des récompenses, pour y recommander chaudement ce même M. Ingres, qu'il traitait si lestement ailleurs, ainsi qu'en témoignent certaines lettres dont la publication, commencée dans *la Presse*, donna lieu à un triste procès. « Pas de fausse modestie, disait-il en substance à la commission. Vous l'avez vu, dans cette exposition à laquelle ont concouru tous les artistes de l'univers, la France est sans contredit la première. Eh bien ! messieurs, je vous en supplie, ne craignez pas d'inscrire en tête de votre liste un peintre français, un grand peintre... M. Ingres. » Enfin, la

FRÈRE PHILIPPE

distribution des récompenses arriva, et Horace Vernet se trouva placé *ex æquo* avec M. Ingres, Delacroix et Decamps, sur la liste des grandes médailles d'honneur, liste qu'on avait dressée par ordre alphabétique pour plus de ménagement envers les personnes.

A cette exposition figuraient vingt et un ouvrages d'Horace Vernet, ses batailles de *Jemmapes*, *Valmy*, *Hanau* et *Montmirail*, sa *Bataille d'Isly*, si spirituellement décousue, si familièrement anecdotique, et enfin ses meilleurs morceaux, un seul excepté, l'*Arrestation des Princes*, qui avait été détruit en 1848, au Palais-Royal, par quelques-uns de ces misérables que les émotions populaires font monter à la surface des sociétés, et qui, d'ailleurs, se rencontrent, hélas! dans tous les pays, dans tous les temps et dans tous les partis. C'était grand dommage, en vérité, car ce tableau, dont nous n'avons conservé qu'un vague souvenir, était regardé comme le chef-d'œuvre de Vernet par un juge compétent que nous laisserons parler ici, M. Charles Lenormant : « C'est d'abord un parti plein de hardiesse que d'avoir développé sa composition sur les zigzags d'un escalier; c'est aussi, comme sentiment d'observation, une donnée heureuse, que le choix du moment où la première réflexion succède à une fâcheuse surprise et retrace à l'âme son désappointement et son dépit sous les plus vives couleurs. L'expression des physionomies est spirituellement graduée entre les trois princes : le geste de Condé dit bien cette crispation d'une âme forte à l'aspect du ridicule ; c'est un lion pris au trébuchet ; Conti, plus charmant cent fois que ne nous le fait l'histoire, voudrait, au prix de sa vie, n'avoir pas trempé dans cette méchante affaire ; quant au duc de Longueville, plus occupé de la goutte qui le travaille que de la prison qui l'attend, il regarde ses compagnons d'infortune pour connaître l'opinion et la contenance qu'il doit avoir : vrai *patito* de conspiration traîné par je ne sais quel malin génie à la remorque de deux jeunes gens impétueux, pécheur converti d'avance, et qui ne recommencera plus s'il met le pied hors de ce mauvais pas. Un vieil officier tient les trois épées et sert de guide aux princes ; c'est un homme aussi poli dans ses formes que fidèle à sa consigne, type du gendarme moulé sur le patron des cours ; puis, au fond, de la curiosité, des chuchotements, du silence, de l'émotion, tout l'effet d'un événement étrange au milieu d'un temps romanesque. L'exécution de cet ouvrage est pleine de franchise et de facilité sans abus : toutes les figures se détachent en sombre sur le fond blanc de l'escalier ; les vigueurs sont réparties entre elles de manière à les reporter progressivement à leurs plans. Le suisse, qui sert de repoussoir à tout le tableau, mérite d'être comparé aux plus belles figures du *François Ier* de M. Gros ; c'est en somme un excellent tableau, peut-être le chef-d'œuvre d'Horace Vernet[1]. »

Ce serait l'histoire même du peintre que l'ensemble de ses peintures. On y verrait en vives images la vie d'un homme qui a touché à tout, qui a visité toutes les cours de l'Europe, fait le portrait de tous les princes de son temps, reçu toutes les décorations imaginables, revêtu tous les costumes, et qui a *longtemps parcouru le monde*, comme il le disait lui-même avec une

[1] *Les artistes contemporains*. Salon de 1833.

pointe de fatuité. Ici, c'est le *Massacre des Mamelucks*, grand morceau qui rappelle non seulement l'horrible trahison par laquelle Méhémet-Ali fit exterminer en un jour huit mille hommes de braves troupes, mais encore les voyages de Vernet en Orient et ses rapports avec le pacha d'Égypte, car il était connu au Caire autant qu'à Moscou, à Constantinople autant qu'à Berlin ou à Londres, à Jérusalem comme à Tunis. Là, c'est le tableau de la *Prise de Lisbonne*, auquel se rattachent de curieux souvenirs. Un jour que Vernet se trouvait en rade de Smyrne (en 1840), l'amiral Lalande, pour faciliter au peintre la composition où il devait représenter la flotte française forçant l'entrée du Tage, lui fit donner le spectacle d'un branle-bas de combat, à bord du *Santi-Pietri* ; deux canonniers eurent les bras emportés dans ce simulacre de guerre ! Plus loin, c'est le portrait du *Frère Philippe*, attestant les relations de l'artiste avec les frères Ignorantins, dont plusieurs furent ses élèves. Il m'en souvient, ce portrait faisait l'admiration de la foule à l'Exposition universelle de 1855. Tout le monde était séduit par ce facile et grossier repoussoir qui consiste à enlever une grande robe toute noire sur un grand mur tout clair ; et pourtant, si l'on en vient, après cet effet de trompe-l'œil, à un examen attentif, on reconnaît partout l'inconsistance de l'œuvre. Les plis de la draperie ne sont pas suffisamment étudiés, sentis, rendus. Les mains sont charpentées d'une façon assez vraisemblable, mais le trait en est dépourvu de finesse. Les mains les plus calleuses ont une foule de méplats agréables, de renflements, de contours délicats, de raccourcis imprévus et qui, sur la toile, sont pleins de charmes. Ici, au contraire, le modèle est interprété dans un sens vulgaire ou superficiel ; le détail qu'on croit le mieux poursuivi échappe à tous les scrupules de l'attention; rien n'est établi solidement et en conscience; rien n'est sculpté, châtié, perfectionné. C'est purement et simplement le triomphe de l'apparence, l'art des à peu près, la vérité du dessus sans aucune pénétration du dessous.

Bien qu'elle renfermât seulement vingt et une peintures de Vernet, l'Exposition de 1855 mettait en pleine lumière l'homme tout entier, sa biographie, son caractère, son humeur changeante, ses défauts trop évidents, ses qualités non moins évidentes. Ses défauts, disons-nous, ils sautaient aux yeux : composition morcelée, heureuse par places, capricieusement et moyennement spirituelle ; pratique inconsistante, banale, dessin approximatif et de mémoire, couleur tantôt crue, froide et terne, tantôt montée jusqu'à l'enluminure, et qui jamais ne présente un ton précieux, un ton fin. Il est vrai que ses qualités apparaissaient aussi dans un beau jour, je veux dire sa fécondité prodigieuse, ses facultés d'improvisateur, son génie d'observation, au vol rapide et sûr, quoique terre à terre, et ce talent universel, enfin, qui le rendait plus ou moins propre à tant de genres : caricatures, chasses, batailles, histoire, animaux, paysages, marines, portraits, peinture religieuse, scènes familières, sujets bibliques. Maintenant, il faut en convenir, à mesure qu'il élève son ambition, Vernet faiblit et montre le défaut de la cuirasse. Dès qu'il sort du présent pour entrer, par exemple, dans ces régions de l'Ancien Testament où l'on s'attend aux grandes passions, aux émotions fortes, on retrouve aussitôt en lui le peintre de genre, qui, lisant Moïse aux

ATTAQUE DE LA PORTE DE CONSTANTINE

environs d'Alger, a fait des Abraham et des Jacob avec des Bédouins, et semble avoir de la sorte illustré une Bible à l'usage des zouaves et des spahis ; c'est-à-dire qu'il a substitué au grand côté humain le petit côté arabe, qu'il a laissé le fond pour la forme, l'âme des choses pour le matériel du costume. S'il est charmant dans les tableaux de conversations ou de mœurs, comme l'*Atelier*, la *Poste au désert*, aussitôt qu'il touche aux grandes figures et aux scènes héroïques, il trahit son insuffisance. De même que ses paysages sont des topographies et ses portraits des signalements, de même ses batailles sont d'excellents bulletins, rédigés d'un style clair, animé, parfois incisif. Mais l'art demande autre chose que cette exactitude qui est la vérité vue ; il demande la vérité pensée et sentie ; ce n'est pas la lettre qu'il veut, c'est l'esprit, c'est l'essence ; et voilà comment Horace Vernet a toujours quelqu'un au-dessus de lui dans chaque branche de la peinture. Nous le disions il y a plus de quinze ans déjà : Gros lui est supérieur pour les batailles, comme l'épopée est supérieure à l'anecdote ; Gérard compose mieux l'histoire et entend mieux le portrait ; M. Ingres lui apprendrait à dessiner le nu, et M. Flandrin à lire les Ecritures ; Géricault, enfin, l'emporte sur lui pour les chevaux, et Charlet pour les troupiers. Celui-ci, en effet, est entré plus avant dans l'âme du soldat ; il ne s'est pas arrêté à la physionomie extérieure, à la capote, à la giberne et au pantalon garance : il a pénétré dans le cœur de son modèle, il l'a peint, non pas en photographe, mais en artiste et à jamais. Cependant il est certain qu'Horace peut dire comme son grand-père Joseph : « Inférieur à chacun de mes rivaux dans une partie, je les surpasse dans l'ensemble. » Horace est un peintre, j'allais dire un fonctionnaire, qu'on ne remplacera pas. Tel qu'il est, après tout, il se trouve en parfaite communion avec le tempérament moyen de la France, et il triomphe justement parce qu'il *peint français*, selon le mot de David. Il vivra, d'ailleurs, parce qu'il a dédié son œuvre à la patrie et que sa mémoire est attachée à la fortune de notre drapeau.

TABLE DES GRAVURES

JOSEPH VERNET

CARLE VERNET

HORACE VERNET

TABLE DES MATIÈRES

1507-98. — Corbeil. Imprimerie Ed. Crété.

www.ingramcontent.com/pod-product-compliance
Ingram Content Group UK Ltd.
Pitfield, Milton Keynes, MK11 3LW, UK
UKHW022108260726
13993UKWH00001B/384

9 782329 226972